# स्वच्छंद

[ सुमित्रानन्दन पन्त की कविताओं का संचयन ]

महात्मा गांधी अन्तरराष्ट्रीय हिन्दी विश्वविद्यालय

# स्वच्छंद

[सुमित्रानन्दन पन्त की कविताओं का संचयन]

प्रमुख सम्पादक

अशोक वाजपेयी

सम्पादक

अपूर्वानंद

डॉ. प्रभात रंजन

राजकमल प्रकाशन

ISBN : 978-81-267-0092-9

**मूल्य** : ₹ 395



**पहला संस्करण** : 2000
**दूसरा संस्करण** : 2018

**प्रकाशक** : राजकमल प्रकाशन प्रा. लि.
1-बी, नेताजी सुभाष मार्ग, दरियागंज
नई दिल्ली-110 002

**शाखाएँ** : अशोक राजपथ, साइंस कॉलेज के सामने, पटना-800 006
पहली मंजिल, दरबारी बिल्डिंग, महात्मा गांधी मार्ग, इलाहाबाद-211 001
36 ए, शेक्सपियर सरणी, कोलकाता-700 017

वेबसाइट : www.rajkamalprakashan.com
ई-मेल : info@rajkamalprakashan.com

**मुद्रक** : बी.के. ऑफसेट
नवीन शाहदरा, दिल्ली-110 032

SWACHCHHAND
A selection from Shri Sumitra Nandan pant's poems

# पन्त-पथ पर

कवि सुमित्रानन्दन पन्त की जन्मशती के अवसर पर निकाले जा रहे इस संचयन को 'स्वच्छंद' कहने के पीछे सिर्फ़ हिन्दी की स्वच्छन्दतावादी काव्यधारा को, उसके एक प्रमुख स्थपति के माध्यम से, अनुगुँजित करना अभीष्ट नहीं है। अभीष्ट यह भी है कि हिन्दी भाषा और कविता को अपना जातीय छन्द देने में पन्त की भूमिका को कृतज्ञतापूर्वक याद किया जाना चाहिए। बीसवीं शताब्दी के अन्त के साथ ही पन्त जी की जन्मशती पड़ना निरा संयोग नहीं है : उसमें कहीं यह निहितार्थ भी है कि इस शताब्दी में जो लेखक हिन्दी भाषा पर व्याप्त रहे हैं उनमें निश्चय ही पन्त जी हैं। बल्कि जिन मूर्धन्यों ने हमारों लिए इस शताब्दी को रचा-गढ़ा और उसे समझने-सहने की शक्ति दी उनमें पन्त जी शामिल हैं।

यह भी निर्विवाद सा है कि छायावाद कविता के लिए इस शताब्दी का स्वर्णयुग था। अब, इतने बरसों बाद और कविता की संवेदना और भूगोल के अप्रत्याशित विस्तार के बाद, यह स्पष्ट दीख पड़ता है कि छायावाद स्वाधीनता, मुक्ति और व्यक्तित्व के आग्रह के कविता में केन्द्रीय होने का युग था। हालाँकि छठवें दशक के शुरू में पन्त जी के अपने पहले 'निराला व्याख्यान' में यह कहने पर कि नयी कविता छायावाद का विस्तार है, हम सभी चौंके और नाराज़ हुए थे लेकिन उसमें काफ़ी सचाई है। छायावाद का ऐसा ऊर्जस्वी वितान न होता तो आज कविता में कुछ भी कह पाने का साहस, अपने समय और दृष्टि पर सत्याग्रह करने का जोखिम और सारे संसार को कविता के परिसर में शामिल करने का उदग्र उद्यम सम्भव न होता। यह अकारण नहीं

हो सकता कि अनेक नये कवि इधर बिना किसी हिचक या संकोच के अपने को किसी छायावादी मूर्धन्य से जोड़ते रहे हैं।

पन्त जी की काव्यसम्पदा विपुल है : छायावादियों में उन्होंने सबसे अधिक और सबसे लम्बे समय तक कविताएँ लिखी हैं। लगभग अबोध विस्मय से आरम्भ कर उनका कविता-संसार दार्शनिक अभिप्रायों और आध्यात्मिक चिन्ताओं तक जाता हुआ संसार है। हर कवि, वह कितना ही बड़ा क्यों न हो, और पन्त एक बड़े कवि हैं इसमें क्या संशय, अपनी यात्रा में कई मुकाम और पड़ाव तय करता है। लेकिन बाद में उनमें से कई स्वयं उसके लिए और प्रायः दूसरों के लिए पीछे छूट जाते हैं, मुबहम हो जाते हैं। इस बीच, याने पन्त जी के बाद कविता की रुचि बेहद बदल गई है। बल्कि वह तो उनके रहते भी ख़ासी बदल चुकी थी और इस बदली हुई रुचि और संवेदना से पन्त स्वयं प्रतिकृत हुए थे। आसान नहीं था लेकिन दो छायावादी मूर्धन्यों—निराला और पन्त—ने अपने छायावादी मुहावरों का जोखिम उठाकर, पर बड़ी खरी पारदर्शिता के साथ पुनराविष्कार किया था। कविता के पन्त-प्रयत्न को उसकी पूरी विविधता और विपुलता में समेटना कठिन कार्य है : ऐसा बहुत सा है जो एक समय मार्मिक और प्रभावपूर्ण लगता था पर अब अपनी धार खो चुका है। सौभाग्य से, ऐसा पर्याप्त है जो बासी या पुराना नहीं पड़ा है : उसमें न सिर्फ पन्त की दृष्टि, शिल्प और भंगिमाएँ समय पार कर हमसे कुछ सार्थक बात कर पाती हैं बल्कि उन्हें जाने-सुने बिना स्वयं हिन्दी कविता की अपनी आन्तरिक लय, उसका अन्तःसंगीत और उसका शब्द-सौष्ठव समझना सम्भव नहीं है।

हमारा समय, दुर्भाग्य से, ऐसा समय है जिसमें मनुष्य के साधारण जीवन-व्यापार और साहित्य से विस्मय-बोध ग़ायब ही हो गया है। पर्यावरण के नाश की सारी दुश्चिन्ताओं के बावजूद हम काफ़ी हद तक मनुष्यों के समाज में बँध गये हैं, बजाय उस लोक में होने के जिसमें मनुष्य और प्रकृति के बीच इतना अपरिचय या दूरी नहीं थी। पन्त की कविता पढ़ना इन दिनों अपने जीवन और भाषा में विस्मय के पुनर्वास की सम्भावना से दो-चार होना

है। पन्त की कविता उनकी गहरी ऐन्द्रियता से भी निकली थी : उसमें शास्त्रीय गरिमा और लोक उच्छलता दोनों संग्रथित थीं। आज उनकी कविता को पढ़ने से हम खड़ी बोली में ऐन्द्रियता के मूल का संस्पर्श करने की ओर बढ़ते हैं। खड़ी बोली के खड़ेपन के बावजूद उसमें कविता के उपयुक्त अन्तःसंगीत विन्यस्त कर पाना आसान नहीं, लगभग क्रान्तिकारी काम था जो पन्त ने बड़ी सूझबूझ और कल्पनाप्रवणता के साथ किया था। यह काम उनकी कविता में अपनी अनेक छटाओं में है। उसे देखना खड़ी बोली की लयात्मक सम्भावनाओं और उलझनों का साक्षात् करना है और स्वयं आज कविकर्म के सामने मौजूद चुनौतियों की बेहतर समझ की ओर बढ़ना है। कविता ने इधर कुल मिलाकर अगर गाना छोड़ दिया तो इसलिए नहीं कि समय बदल गया और अधिक कठिन-जटिल हो गया। हर समय में, वह कितना ही असम्भव और असहनीय या अकल्पनीय क्यों न हो, भाषा कविता में गाती रही है और हमारा समय इसका अपवाद नहीं हो सकता। अपने को अधिकतर मुक्त छन्द की रूढ़ि में फँसाकर और लय और गति के कठिन अभ्यास से बचकर हमारे समय में कविप्रतिभा ने जो रास्ता चुना, वह एक तरह से पन्त-पथ से विरत होना है। यह विपथगामिता अनुभव की जटिलता और समय के काठिन्य से जूझना उतना नहीं, जितना कि उनका सरलीकरण है। किसी हद तक यह पन्त-प्रयत्न का अवमूल्यन भी है। पन्त में छन्दों और लय-प्रयोग की विविधता देखना स्वयं अपने समय में कविकर्म की जटिलता को बेहतर समझना है।

कविता कहीं न कहीं भाषा में स्मृति-पुनस्संयोजन और शब्द की सम्भावनाओं का अप्रत्याशित विस्तार है। हमारा समय कई अर्थों में स्मृतिक्षीण और शब्द-दरिद्र समय है। ऐसे समय में पन्त एक प्रतिकल्प की तरह उभरते हैं। उनकी कविता में हमारी लम्बी भारतीय कविता और सौन्दर्यबोध की असमाप्त अनुगूँजें हैं जिनमें एक साधारण जीवनक्रिया भी अदम्य शास्त्रीय अर्थाभा से भर जाती है। पन्त ने सैकड़ों नये शब्द गढ़े और उनमें से अनेक का काव्यप्रवेश ही उनके यहाँ पहली बार हुआ होगा। शब्द से कविता गढ़ना और कविता के लिए उपयुक्त और नये शब्द खोजना-गढ़ना सच्चे कविकर्म का ज़रूरी

हिस्सा हैं : पन्त-काव्य पढ़ना कविकर्म ऐसा अटूट और अकाट्य, समृद्ध और उत्तेजक, अप्रत्याशित लेकिन अनिवार्य साक्ष्य देखना है।

कविता हमेशा ही स्थानीय और सार्वभौम, दोनों को साधने की चेष्टा करती है। बल्कि शायद यह कहना अधिक उपयुक्त होगा कि कविता स्थानीय से सार्वभौम को छूने की चेष्टा करती है और साथ-साथ सार्वभौम को स्थानीय बनाने का यत्न भी। पन्त के यहाँ यह साधना अपनी पूरी उदात्तता के साथ व्यक्त हुई है। कौसानी, कूर्मांचल, काला कांकर आदि की इतनी सारी निपट स्थानीय छवियाँ उनकी कविता में हैं। इस पर ध्यान शायद कम गया है कि बचपन की यादें और धरती में पैसे बोने जैसी हरकतें अपनी पूरी ऐन्द्रियता में जितनी पन्त के यहाँ हैं उतनी किसी अन्य छायावादी के यहाँ नहीं हैं। कई बार तो लगता है कि पन्त अपने जीवन भर संसार, भाषा और समय को एक तरह के अक्षय बालविस्मय से देखते रहे और यह हिन्दी का सौभाग्य है कि यह विस्मय काव्य-विन्यस्त होता रहा।

मार्क्सवाद, अरविन्द दर्शन आदि के प्रति पन्त के आकर्षण को कई तरह से समझा गया है और प्रायः यह माना गया है कि उनकी काव्य-संवेदना उनसे उपजे वैचारिक बोझ को सफलतापूर्वक वहन करने में समर्थ प्रायः सिद्ध नहीं हुई। हमें यह नहीं भूलना चाहिए कि छायावाद का दौर भारतीय समाज में आदर्शवादिता का दौर था। एक तरह के व्यापक मानववाद का प्रभाव प्रायः हर कलाचेष्टा पर था। इसलिए कितनी भी सुकुमार संवेदना क्यों न हो, उसका इस विचारप्रवाह से बचना सम्भव नहीं था। पन्त के मामले में इन वैचारिक आकर्षणों ने उन्हें अपनी कविता का भूगोल विस्तृत करने की ओर प्रेरित किया। वे अपने विस्मय और ऐन्द्रियता के साथ जिस 'भूमा' के कवि थे, उसे इन वैचारिक प्रभावों ने एक ओर ठोस बनाया तो दूसरी ओर उनकी काव्य और जीवन—दोनों ही की चेतना को एक तरह की ऊर्ध्वगामिता भी दी। आज ये देखा जा सकता है कि पन्त की परवर्ती कविता अपने कविता-उपवन के भूमा में विस्तार और आकाश में वितान के बीच सन्तुलित है। उससे यह सबक आज भी सीखा जा सकता है कि कविता अपने आप में दर्शन है, संसार को

छूने-समझने-बदलने की एक विधा है और उसे अन्य दर्शनों की, कम-से-कम उनके वर्चस्व की, कतई दरकार नहीं है।

वही कवि बड़ा हो पाता है जो अपनी दृष्टि और शैली का अतिक्रमण करने की दुस्साहसिकता कर सके। पन्त में यह साहस था : उनकी कविता छायावाद के स्वर्णलोक का कारक थी पर आगे चलकर वह उससे मुक्त होकर एक नये संसार में प्रवेश कर पायी। बदलने के बाद भले उसमें वैसा काव्योत्कर्ष सम्भव न रहा हो। लेकिन उसमें तेजी से आ रहे परिवर्तनों के प्रति खुला रहने का उदार साहस था, इससे इनकार नहीं किया जा सकता।

अज्ञेय ने पन्त की षष्ठिपूर्ति पर हिन्दी प्रकृति-काव्य का प्रख्यात संचयन 'रूपाम्बरा' संपादित-प्रकाशित कर उन्हें भेंट किया था। ज़ाहिर है यह हिन्दी के प्रकृति-काव्य में पन्त की शीर्षस्थानीयता का एक कविजनोचित स्वीकार था। उन्हीं दिनों नरेश मेहता और श्रीकान्त वर्मा द्वारा संपादित पत्रिका 'कृति' ने गजानन माधव मुक्तिबोध और नामवर सिंह के निबन्ध विशेष रूप से प्रकाशित कर उन्हें एक और तरह की आलोचनात्मक प्रणति दी थी। चार दशक बीत जाने के बाद यह स्वीकार करने का अवसर है कि न सिर्फ़ हिन्दी प्रकृति-काव्य में बल्कि समूचे आधुनिक काव्य में पन्त की गौरवस्थानीयता असंदिग्ध है और उसे स्पष्ट किया जाना चाहिए। हिन्दी में आधुनिकता का इतिहास बिना पन्त के अवदान के लिखना सम्भव नहीं है। जब भी हिन्दी आधुनिकता के जातीय आधारों को पहचाना जाएगा, उस पहचान में पन्त की भूमिका को कृतज्ञता से याद किया जाएगा। आज अगर हिन्दी की जातीय चेतना उदार और बहुमुखी है, उसमें परम्परा और परिवर्तन का द्वन्द्व नहीं समाहार है, उसमें खुलापन है और जड़ों के प्रति आग्रह भी तो जिन लेखकों के कारण यह उत्तराधिकार अबाध होकर हमें मिल पाया है उनमें पन्त का नाम और काम बहुत आगे है। सच तो यह है कि प्रसाद, निराला और पन्त की बृहत्त्रयी के बिना आधुनिक हिन्दी कविता सम्भव नहीं थी, न ही हिन्दी आधुनिकता ही। इन तीनों ने न सिर्फ़ ऐसी कविता लिखी जो आगे तक टिकनेवाली है, उन्होंने बाद की कविता का मार्ग भी प्रशस्त किया। असल में

तो मुक्ति के बजाय स्वाधीनता, आत्म के बजाय व्यक्ति और लोक के बजाय समाज जैसी अवधारणाएँ, जो आज हमें सुप्रतिष्ठित लगती हैं, हमारे परिवेश में छायावाद से ही आना शुरू हुई थीं। जैसे आधुनिकता बिना परम्परा के सम्भव नहीं, वैसे ही यह साफ़ देखा जा सकता है कि नयी कविता बिना छायावाद के सम्भव नहीं थी और छायावाद, उसके प्रथम सिद्धान्तकार पन्त के बिना सम्भव नहीं था।

छायावादियों ने सौन्दर्य को एक मूल्य के रूप में स्वीकार किया था यद्यपि इन दिनों साहित्य को लेकर जो विचार-विमर्श होता है उसमें संघर्ष का महत्त्व है, सौन्दर्य का नहीं। इस मुकाम पर याद करना आवश्यक है कि पन्त ने खड़ी बोली में सौन्दर्य के अनुभव, संसार और मूल्य को स्थापित करने के लिए अपनी कविता, उसकी संरचना और भाषा में अथक संघर्ष किया था। यह सौन्दर्य संघर्ष से अर्जित सौन्दर्य था। दूसरे, छायावादी बल्कि पन्त-सौन्दर्य जीवन में रसा-बसा सौन्दर्य है जो जीवन का सत्यापन करता है और एक तरह से कविता में जीवन का पुनर्वास भी। वह जीवनदर्शी सुन्दरता है जो पन्त का अभीष्ट थी और आज भी एक स्पृहणीय काव्यादर्श हो सकती है।

इधर की कविता कुछ इस क़दर इस दुनिया की हो गयी है कि उसमें इस बात का अहसास सक्रिय ही नहीं रह पाया है कि दूसरी दुनिया भी है, कि कविता का एक ज़रूरी और पुराना काम हमें इस दुनिया से दूसरी दुनिया में ले जाना भी है। पन्त की कविता में शुरू से लेकर अन्त तक इस बात का अकाट्य साक्ष्य है कि उनकी कवि-दृष्टि ने आस-पास की दुनिया को कभी नज़रन्दाज़ नहीं किया। लेकिन उन्होंने दूसरी दुनिया की ओर भी निहारा और उनकी कविता हमें कई बार दूसरे लोक की ओर ले जाती है। यह उदग्रता इधर की कविता में कम हुई है और पन्त की कविता पढ़ना इस सम्भावना और आवश्यकता को एक बार फिर स्वीकार करना भी है। वे लोग सचमुच दरिद्र होंगे, भौतिक रूप से न सही आध्यात्मिक रूप से, जो इस दूसरी दुनिया से इस क्षमता के रहते वाबस्ता न हो पाएँ।

हमारी पीढ़ी के कई लेखक और कवि ऐसे हैं जिन्हें पन्त जी की उदात्त

और वरद उपस्थिति को सीधे महसूस करने का सुअवसर मिला था। मुझे याद है कि लगभग तीस बरस पहले इलाहाबाद में 'परिमल' संस्था का रजतपर्व था जिसमें बहुत बड़ी संख्या में लेखक एकत्र थे जिनमें संभवतः सबसे वरिष्ठ पन्तजी ही थे। विचार के लिए एक विषय था : 'रचना की प्रासंगिकता का निकष'। जब मेरे कुछ कहने की बारी आयी तो सामने पन्त जी बैठे थे और अध्यक्षता बालकृष्ण राव कर रहे थे। मेरी स्थापना थी कि रचना में व्यक्त दृष्टि मात्र उसकी प्रासंगिकता का निकष नहीं हो सकती। निकष होते हैं वे ब्यौरे, जीवनच्छवियाँ और अनुभव, जो उस दृष्टि को चरितार्थ करते हैं। मैंने पन्तजी के उस समय प्रकाशित और प्रायः बहुनिन्दित महाकाव्य 'लोकायतन' का उदाहरण देते हुए यह कहने की धृष्टता की कि उसमें व्यक्त दृष्टि तो सकल चराचर और मानव के कल्याण की दृष्टि है जो अपने आप में प्रासंगिक है पर अगर महाकाव्य इसके बावजूद अप्रासंगिक है तो इसका कारण उसके ब्यौरे और जीवनानुभव हैं जो इस दृष्टि को सचमुच चरितार्थ करने में सफल नहीं हुए हैं। गोष्ठी के बाद चाय पर मैं पन्तजी से कतरा रहा था। लेकिन बालकृष्ण राव मुझे पकड़कर उनसे मिलवाने ले गए और बोले कि यही अभी आपके बारे में दुष्टता कर रहा था। पन्तजी हलके से मुसकरा भर दिए। उसमें कहीं भी क्षुब्ध या आहत होने का भाव नहीं था। मैंने एक बार फिर पहचाना था कि वे उदारचरित व्यक्ति हैं।

हमने यह संचयन तैयार करने में एक सीधी-सादी प्रक्रिया अपनायी है। हमें लगता है कि पन्त-शती पर हिन्दी जगत में जो निष्क्रियता है वह एक कृतघ्न समाज का व्यवहार है। पन्त में ऐसा बहुत है जिसे फिर से ध्यान से देखना-समझना चाहिए। हमारे युवा सहकर्मी डॉ. प्रभात रंजन ने पन्त रचनावली पढ़कर उन कविताओं का आरंभिक चुनाव किया जो इस संचयन में जाने योग्य हों। फिर श्री अपूर्वानंद ने इस आरंभिक चयन को देखा और इसे घटाया-बढ़ाया तथा कविताओं को एक क्रम दिया। मैंने इस सारी सामग्री को देखकर अन्तिम चयन किया है। हमारे सामने जो मुख्य बात रही है वह यह कि आज की काव्यरुचि और संवेदना की हमारी जो समझ है उसके अनुसार

पन्त के यहाँ क्या है जो आज भी टिका हुआ है और जिसे पढ़-गुनकर आज भी रसिक रस और समझ पा सकते हैं। हो सकता है कि इस संचयन में अपने समय में प्रसिद्ध हुई कुछ कविताएँ न मिलें। हो सकता है कि ऐसी कुछ मिल जाएँ जिन पर ध्यान कम गया है। हमें विश्वास है कि यह संचयन हिन्दी के एक महाकवि को, उसके स्पन्दित और ऊर्जस्वित कविता-संसार को, पूरी कृतज्ञता और विनय के साथ, आज के पाठकों के सामने प्रस्तुत करने में सफल हो सकेगा।

महात्मा गाँधी अन्तरराष्ट्रीय हिन्दी विश्वविद्यालय हिंदी के मूर्धन्यों के इसी तरह के संचयनों की एक शृंखला का आरंभ सुमित्रानन्दन पन्त से करने में विशेष गौरव अनुभव करता है। बहुत कम समय में इस पुस्तक के प्रकाशन के लिए हम राजकमल प्रकाशन के आभारी हैं।

19 जून, 2000 **अशोक वाजपेयी**

महात्मा गाँधी अन्तरराष्ट्रीय हिन्दी विश्वविद्यालय

# अनुक्रम

## प्रथम रश्मि

प्रथम रश्मि का आना रंगिणि !
तूने कैसे पहचाना ?
कहाँ, कहाँ हे बाल विहंगिनि !
पाया तूने यह गाना ?
सोयी थी तू स्वप्न नीड़ में
पंखों के सुख में छिपकर,
ऊँघ रहे थे, घूम द्वार पर,
प्रहरी से जुगनू नाना;
शशि किरणों से उतर-उतरकर
भू पर कामरूप नभचर
चूम नवल कलियों का मृदु मुख
सिखा रहे थे मुसकाना;
स्नेहहीन तारों के दीपक,
श्वास शून्य थे तरु के पात,
विचर रहे थे स्वप्न अवनि में,
तम ने था मंडप ताना;
कूक उठी सहसा तरुवासिनि !
गा तू स्वागत का गाना,
किसने तुझको अन्तर्यामिनि !
बतलाया उसका आना ?
निकल सृष्टि के अन्ध गर्भ से
छाया तन बहु छाया हीन,

चक्र रच रहे थे खल निशिचर
चला कुहुक, टोना माना;
छिपा रही थी मुख शशि बाला
निशि के श्रम से हो श्रीहीन,
कमल क्रोड़ में बन्दी था अलि
कोक शोक से दीवाना;
मूर्च्छित थीं इन्द्रियाँ, स्तब्ध जग,
जड़ चेतन सब एकाकार,
शून्य विश्व के उर में केवल
साँसों का आना-जाना;
तूने ही पहले बहु दर्शिनि !
गाया जागृति का गाना,
श्री सुख सौरभ का नभचारिणि !
गूँथ दिया ताना-बाना !
निराकार तम मानो सहसा
ज्योति पुंज में हो साकार,
बदल गया द्रुत जगत जाल में
धर कर नाम रूप नाना;
सिहर उठे पुलकित हो द्रुम दल
सुप्त समीरण हुआ अधीर,
झलका हास कुसुम अधरों पर,
हिल मोती का-सा दाना;
खुले पलक, फैली सुवर्ण छवि;
खिली सुरभि, डोले मधु बाल,
स्पन्दन कम्पन औ' नव जीवन
सीखा जग ने अपनाना;

प्रथम रश्मि का आना, रंगिणि,
तूने कैसे पहचाना ?
कहाँ, कहाँ, हे बाल विहंगिनि !
पाया यह स्वर्गिक गाना ?

## पल्लव

अरे, ये पल्लव बाल !
सजा सुमनों के सौरभ हार
गूँथते वे उपहार;
अभी तो हैं ये नवल प्रवाल,
नहीं छूटी तरु डाल;
विश्व पर विस्मित चितवन डाल,
हिलाते अधर प्रवाल !
न पत्रों का मर्मर संगीत,
न पुष्पों का रस, राग, पराग;
एक अस्फुट, अस्पष्ट, अगीत,
सुप्ति की ये स्वप्निल मुसकान;
सरल शिशुओं के शुचि अनुराग,
वन्य विहगों के गान !

हृदय के प्रणय कुंज में लीन
मूक कोकिल का मादक गान,
बहा जब तन मन बन्धन हीन
मधुरता से अपनी अनजान;
खिल उठी रोओं-सी तत्काल
पल्लवों की यह पुलकित डाल !
प्रथम मधु के फूलों का बाण
दुरा उर में, कर मृदु आघात,
रुधिर से फूट पड़ी रुचिमान

पल्लवों की यह सजल प्रभात;
शिराओं में उर की अज्ञात
नव्य जग जीवन कर गतिवान !
दिवस का इनमें रजत प्रसार
उषा का स्वर्ण सुहाग;
निशा का तुहिन अश्रु शृंगार,
साँझ का निःस्वन राग;
नवोढ़ा की लज्जा सुकुमार,
तरुणतम सुन्दरता की आग !

कल्पना के ये विह्वल बाल,
आँख के अश्रु, हृदय के हास,
वेदना के प्रदीप की ज्वाल,
प्रणय के ये मधुमास;
सुछवि के छाया वन की साँस
भर गई इनमें हाव, हुलास !
आज पल्लवित हुई है डाल,
झुकेगा कल गुंजित मधुमास !
मुग्ध होंगे मधु से मधु बाल,
सुरभि से अस्थिर मरुताकाश !

## मधुकरी

सिखा दो ना, हे मधुप कुमारि !
मुझे भी अपने मीठे गान,
कुसुम के चुने कटोरों से,
करा दो ना, कुछ-कुछ मधुपान !

नवल कलियों के धोरे झूम,
प्रसूनों के अधरों को चूम,
मुदित, कवि-सी तुम अपना पाठ
सीखती हो सखि ! जग में घूम;

सुना दो ना, तब हे सुकुमारि !
मुझे भी ये केसर के गान !

किसी के उर में तुम अनजान
कभी बँध जाती, बन चितचोर;
अधखिले, खिले, सुकोमल गान
गूँथती हो फिर उड़-उड़ भोर;

मुझे भी बतला दो न कुमारि !
मधुर निशि स्वप्नों के वे गान !

सूँघ चुनकर, सखि ! सारे फूल,
सहज बिंध बँध, निज सुख-दुख भूल,
सरस रचती हो ऐसा राग
धूल बन जाती है मधुमूल;

पिला दो ना, तब हे सुकुमारि !
इसी से थोड़े मधुमय गान;
कुसुम के खुले कटोरों से
करा दो ना, कुछ-कुछ मधुपान !

## वसन्त श्री

उस फैली हरियाली में,
कौन अकेली खेल रही मा !
वह अपनी वय बाली में ?
सजा हृदय की थाली में—
क्रीड़ा, कौतूहल, कोमलता,
मोद, मधुरिमा, हास, विलास,
लीला, विस्मय, अस्फुटता भय,
स्नेह, पुलक, सुख, सरल हुलास,
ऊषा की मृदु लाली में—

किसका पूजन करती पल-पल
बाल चपलता से अपनी ?
मृदु कोमलता से वह अपनी,
सहज सरलता से अपनी ?
मधुऋतु की तरु डाली में—
रूप, रंग, रज, सुरभि, मधुर मधु,
भर-भर मुकुलित अंगों में
मा ! क्या तुम्हें रिझाती है वह ?
खिल-खिल बाल उमंगों में,
हिल मिल हृदय तरंगों में ?

## बादल

सुरपति के हम ही हैं अनुचर,
जगत्प्राण के भी सहचर;
मेघदूत की सजल कल्पना,
चातक के प्रिय जीवनधर;

मुग्ध शिखी के नृत्य मनोहर,
सुभग स्वाति के मुक्ताकर;
विहग वर्ग के गर्भ विधायक,
कृषक बालिका के जलधर !

जलाशयों में कमल दलों-सा
हमें खिलाता नित दिनकर,
पर बालक-सा वायु सकल दल
बिखरा देता चुन सत्वर;

लघु लहरों के चल पलनों में
हमें झुलाता जब सागर,
वही चील-सा झपट, बाँह गह,
हमको ले जाता ऊपर !

भूमि गर्भ में छिप विहंग-से,
फैला कोमल रोमिल पंख,
हम असंख्य अस्फुट बीजों में
सेते साँस, छुड़ा जड़ पंक;

विपुल कल्पना-से त्रिभुवन की

विविध रूप धर, भर नभ अंक,

हम फिर क्रीड़ा कौतुक करते,
छा अनन्त उर में निःशंक !

कभी चौकड़ी भरते मृग-से
भू पर चरण नहीं धरते,
मत्त मतंगज कभी झूमते,
सजग शशक नभ को चरते;

कभी कीश-से अनिल डाल में
नीरवता से मुँह भरते,
वृहद् गृद्ध-से विहग छदों को
बिखराते नभ में तरते !

कभी अचानक, भूतों का-सा
प्रकटा विकट महा आकार,
कड़क, कड़क, जब हँसते हम सब,
थर्रा उठता है संसार;

फिर परियों के बच्चों-से हम
सुभग सीप के पंख पसार,
समुद पैरते शुचि ज्योत्स्ना में,
पकड़ इन्दु के कर सुकुमार !

अनिल विलोड़ित गगन सिन्धु में
प्रलय बाढ़-से चारों ओर
उमड़-उमड़ हम लहराते हैं
बरसा उपल, तिमिर, घनघोर;

बात-बात में, तूल तोम-सा
व्योम विटप से झटक, झकोर,

हमें उड़ा ले जाता जब द्रुत
दल बल युत घुस वातुल चोर !

बुद्बुद द्युति तारक दल तरलित
तम के यमुना जल में श्याम
हम विशाल जम्बाल जाल-से
बहते हैं अमूल, अविराम;

दमयन्ती-सी कुमुद कला के
रजत करों में फिर अभिराम
स्वर्ण हंस-से हम मृदु ध्वनि कर,
कहते प्रिय सन्देश ललाम !

दुहरा विद्युद्दाम चढ़ा द्रुत,
इन्द्रधनुष की कर टंकार;
विकट पटह-से निर्घोषित हो,
बरसा विशिखों-सा आसार;

चूर्ण-चूर्ण कर वज्रायुध से
भूधर को अति भीमाकार
मदोन्मत्त वासव सेना-से
करते हम नित वायु विहार !

स्वर्ण भृंग तारावलि वेष्टित,
गुंजित, पुंजित, तरल, रसाल,
मधुगृह-से हम गगन पटल में,
लटके रहते विपुल विशाल !

जालिक-सा आ अनिल, हमारा
नील सलिल में फैला जाल,
उन्हें फँसा लेता फिर सहसा
मीनों के-से चंचल बाल !

व्योम विपिन में जब वसन्त-सा
खिलता नव पल्लवित प्रभात,
बहते हम तब अनिल स्रोत में
गिर तमाल तम के-से पात;

उदयाचल से बाल हंस फिर
उड़ता अम्बर में अवदात,
फैल स्वर्ण पंखों-से हम भी,
करते द्रुत मारुत से बात !

सन्ध्या का मादक पराग पी,
झूम मलिन्दों-से अभिराम,
नभ के नील कमल में निर्भय
करते हम विमुग्ध विश्राम;

फिर बाड़व-से सान्ध्य सिन्धु में
सुलग, सोख उसको अविराम,
बिखरा देते तारावलि-से
नभ में उसके रत्न निकाम !

धीरे-धीरे संशय-से उठ,
बढ़ अपयश-से शीघ्र अछोर,
नभ के उर में उमड़ मोह-से
फैल लालसा-से निशि भोर;

इन्द्रचाप-सी व्योम भृकुटि पर
लटक मौन चिन्ता-से घोर
घोष भरे विप्लव भय-से हम
छा जाते द्रुत चारों ओर !

पर्वत-से लघु धूलि, धूलि-से
पर्वत वन, पल में, साकार—

काल चक्र-से चढ़ते-गिरते
पल में जलधर, फिर जलधार;

कभी हवा में महल बनाकर,
सेतु बाँधकर कभी अपार,
हम विलीन हो जाते सहसा
विभव भूति ही-से निस्सार !

नग्न गगन की शाखाओं में
फैला मकड़ी का-सा जाल,
अम्बर के उड़ते पतंग को
उलझा लेते हम तत्काल;

फिर अनन्त उर की करुणा से
त्वरित द्रवित होकर, उत्ताल—
आतप में मूर्च्छित कलियों को
जाग्रत् करते हिम जल डाल !

हम सागर के धवल हास हैं,
जल के धूम, गगन की धूल,
अनिल फेन, ऊषा के पल्लव,
वारि वसन, वसुधा के मूल;

नभ में अवनि, अवनि में अम्बर,
सलिल भस्म, मारुत के फूल,
हम ही जल में थल, थल में जल,
दिन के तम, पावक के तूल !

व्योम बेलि, ताराओं की गति,
चलते-अचल, गगन के गान,
हम अपलक तारों की तन्द्रा,
ज्योत्स्ना के हिम, शशि के यान;

पवन धेनु, रवि के पांशुल श्रम,
सलिल अनल के विरल वितान,
व्योम पलक, जल खग, बहते-थल
अम्बुधि की कल्पना महान !

X X X

धूम्र धुआँरे, काजरकारे,
हम ही बिकरारे बादर,
मदन राज के बीर बहादुर,
पावस के उड़ते फणिधर;
चमक-झमकमय मन्त्र वशीकर,
छहर-घहरमय विष सीकर,
स्वर्ग सेतु-से इन्द्रधनुषधर,
कामरूप घनश्याम अमर !

## पत्थर में फूल

दो पाषाण खंड
सुहृदों-से सटे परस्पर,
लेटे हैं वन के अंचल में !
छायाएँ ज़ब कँपतीं तन पर
लगता दोनों साँस ले रहे,
या आपस में चुपके से
फुसफुसा रहे कुछ !

षड्ऋतुएँ आतीं
पर उनमें
कोई भी परिवर्तन
नहीं दिखाई पड़ता !
कोयल गाती,
शरद पूर्णिमा भाती,
फाल्गुन की उन्मद बयार
वन में सौरभ बिखराती–
उन पर तनिक प्रभाव न पड़ता,
कभी न दिल ही उछल मचलता,–
रक्त दौड़ना दूर रहा
उन्मत्त शिराओं के भीतर !
हाँ, गर्मी में
वृद्ध गृद्ध कुछ देर के लिए
वहाँ ठहरता थककर क्षण भर !
सावन भादों में

अलबत्ता
कुछ काई सी जम जाती
खुरदुरे बदन पर !
शेष सनातन जीवन उनका
गुह्य मौन में बन्दी रहता !

आज अचानक
एक जंगली फूल
फोड़ उनकी दरार को
साहस कर, उनके सीने से फूट
निकल आया लो बाहर !
निज विस्फारित चकित दृष्टि से
देख रहा वह
यमज अनमने पाषाणों को
सोए तदाकार तन्द्रा में !
प्रतनु वृन्त पर
नाच रहा वह मन्द पवन में—
निज उर का उल्लास
थिरक, उन पर उड़ेलने !
दोनों मित्र
स्वयं भी कुछ विस्मय विमूढ़-से
निर्विकार नयनों से
देख रहे उसका मुख !
मन-ही-मन
ज्यों सोच रहे हों—
हाय विधाता,
पत्थर उर में
फूल खिलाना था क्या तुमको !

## एक तारा

नीरव सन्ध्या में प्रशान्त
डूबा है सारा ग्राम प्रान्त !
पत्रों के आनत अधरों पर सो गया निखिल वन का मर्मर,
ज्यों वीणा के तारों में स्वर !
खग कूजन भी हो रहा लीन, निर्जन गोपथ अब धूलि हीन,
धूसर भुजंग-सा जिह्म, क्षीण !
झींगुर के स्वर का प्रखर तीर केवल प्रशान्ति को रहा चीर,
सन्ध्या-प्रशान्ति को कर गम्भीर !
इस महा शान्ति का उर उदार, चिर आकांक्षा की तीक्ष्ण धार
ज्यों बेध रही हो आर-पार !
अब हुआ सान्ध्य स्वर्णाभ लीन,
सब वर्ण-वस्तु से विश्व हीन !
गंगा के चल जल में निर्मल, कुम्हला किरणों का रक्तोत्पल
है मूँद चुका अपने मृदु दल !
लहरों पर स्वर्ण रेख सुन्दर पड़ गई नील, ज्यों अधरों पर
अरुणाई प्रखर शिशिर से डर !
तरु शिखरों से वह स्वर्ण विहग उड़ गया, खोल निज पंख सुभग
किस गुहा-नीड़ में रे किस मग !
मृदु-मृदु स्वप्नों से भर अंचल, नव नील-नील, कोमल-कोमल
छाया तरु-वन में तम श्यामल !
पश्चिम नभ में हूँ रहा देख
उज्ज्वल, अमन्द नक्षत्र एक !

अकलुष, अनिन्द्य नक्षत्र एक, ज्यों मूर्तिमान ज्योतित विवेक,
उर में हो दीपित अमर टेक !
किस स्वर्णाकांक्षा का प्रदीप वह लिये हुए ? किसके समीप ?
मुक्तालोकित ज्यों रजत सीप !
क्या उसकी आत्मा का चिर धन ? स्थिर अपलक नयनों का चिन्तन ?
क्या खोज रहा वह अपनापन !
दुर्लभ रे दुर्लभ अपनापन, लगता वह निखिल विश्व निर्जन,
वह निष्फल इच्छा से निर्धन !
आकांक्षा का उच्छ्वसित वेग
मानता नहीं बन्धन-विवेक !
चिर आकांक्षा से ही थर्-थर्, उद्वेलित रे अहरह सागर,
नाचती लहर पर हहर लहर !
अविरत इच्छा ही में नर्तन करते अबाध रवि, शशि, उड़गन,
दुस्तर आकांक्षा का बन्धन !
रे उडु, क्या जलते प्राण विकल ? क्या नीरव-नीरव नयन सजल !
जीवन निसंग रे व्यर्थ विफल !
एकाकीपन का अन्धकार, दुस्सह है इसका मूक भार,
इसके विषाद का रे न पार !

x x x

चिर अविचल पर तारक अमन्द !
जानता नहीं वह छन्द-बन्ध !
वह रे अनन्त का मुक्त मीन, अपने असंग सुख में विलीन,
स्थित निज स्वरूप में चिर नवीन !
निष्कम्प शिखा-सा वह निरुपम, भेदता जगत-जीवन का तम,
वह शुद्ध, प्रबुद्ध, शुक्र वह सम !

x x x

गुंजित अलि-सा निर्जन अपार, मधुमय लगता घन अन्धकार
हलका एकाकी व्यथा भार !
जगमग-जगमग नभ का आँगन लद गया कुन्द कलियों से घन,
वह आत्म और यह जग-दर्शन !

## पवनपुत्र

पतझर आया,
जन के मन में छाया,
पतझर आया !
एक विश्व हो रहा विलय
निःसंशय,

काल-सर्प झाड़ता
जीर्ण केंचुल अब निर्भय !
पतझर आया,
क्रान्ति-दूत-सा भाया,
पतझर आया !

व्यक्ति ही नहीं
मेरे भीतर जग भी रहता,
एक समुद्र निरन्तर बहता,–
भाव-तरंगों में मन्थित हो
गरज-गरज कर कहता :
क्या सार्थकता नर जीवन की ?
भव-सागर या लघु जल कण की ?
क्या न डुबा सकता हूँ,
मैं निज कूल–
लाँघ सीमा

असीम बन्धन की ?
क्या सार्थकता जग-जीवन की ?

मैं सहता, उद्वेलन सहता,
भव-सागर से कहता :
तब तो तुम भी नहीं रहोगे
तट-मर्यादा जो न सहोगे,--
बाँधे प्रिया धरित्री तुमको
निज अंचल में
थामे विधि करतल में !
भीतर-भीतर ऊब-डूब कर
तुम अन्तर्मुख सदा बहोगे,
लाँघ पुलिन
चित् चन्द्रज्वार में
उड़ असीम की बाँह गहोगे !
सार्थकता है यही तुम्हारी,
लघु जल कण की,
भव-जीवन की !

तुम असीम के अंश,
अंश क्षण-बिन्दु तुम्हारा,
भूमा ही की सार्थकता में
सार्थक अग-जग सारा !...
सृष्टि मुक्ति की कारा !

पतझर आया,
गृह मग वन अकुलाया,–
कौन सँदेशा लाया ?

अर्ध सत्य वह !–
शेष सत्य रे नव वसन्त क्रम,–
पूर्ण सत्य के अंश उभय,
        मिट गया सिन्धु-भ्रम !
परिबर्तन विकास क्रम साधन,
परिवर्तन होता जिसमें
        वह सत्य चिरन्तन !

पतझर आया,
भव-कानन में सहज समाया,–
पवनपुत्र वह, हनुमत्,
सृष्टि-साँस-सा छाया !

## सन्ध्या

कहो, तुम रूपसि कौन ?
व्योम से उतर रही चुपचाप
छिपी निज छाया छवि में आप,
सुनहला फैला केश कलाप
मधुर, मन्थर, मृदु, मौन !
मूँद अधरों में मधुपालाप,
पलक में निमिष, पदों में चाप,
भाव संकुल, बंकिम, भ्रू चाप,
मौन, केवल तुम मौन !
ग्रीव तिर्यक्, चम्पक द्युति गात,
नयन मुकुलित, नत मुख जलजात,
देह छबि-छाया में दिन-रात,
कहाँ रहती तुम कौन !
अनिल पुलकित स्वर्णांचल लोल,
मधुर नूपुर ध्वनि खग कुल रोल,
सीप-से जलदों के पर खोल,
उड़ रही नभ में मौन !
लाज से अरुण अरुण सुकपोल,
मदिर अधरों की सुरा अमोल–
बने, पावस घन स्वर्ण हिंदोल,
कहो, एकाकिनि, कौन ?
मधुर, मन्थर तुम मौन !

## सोनजुही

सोनजुही की बेल नवेली,
एक वनस्पति वर्ष, हर्ष से खेली, फूली, फैली,
सोनजुही की बेल नवेली !
आँगन के बाड़े पर चढ़कर
दारु खम्भ को गलबाँही भर
कुहनी टेक कँगूरे पर
वह मुसकाती अलबेली !
सोनजुही की बेल छबीली !
दुबली पतली देह लतर, लोनी लम्बाई,
—प्रेम डोर-सी सहज सुहाई !
फूलों के गुच्छों-से उभरे अंगों की गोलाई,
—निखरे रंगों की गोराई—
शोभा की सारी सुघराई
जाने कब भुजगी ने पाई !

सौरभ के पलने में झूली,—
मौन मधुरिमा में निज भूली,—
यह ममता की मधुर लता,
मन के आँगन में छाई !
पहिले अब मुसकाई !

एक टाँग पर उचक खड़ी हो

मुग्धा वय से अधिक बड़ी हो—
पैर उठा, कृश पिंडुली पर धर,
घुटना मोड़, चित्र बन सुन्दर,
पल्लव देही से मृदु मांसल,
खिसका धूपछाँह का आँचल,—

पंख सीप के खोल पवन में,
वन की हरी परी आँगन में
उठ अँगूठे के बल ऊपर
उड़ने को अब छूने अम्बर !
सोनजुही की बेल हठीली
लटकी-सधी अधर पर !

झालरदार गरारा पहने,
स्वर्णिम कलियों के सज गहने
बूँटे कढ़ी चूनरी फहरा,—
शोभा की लहरी-सी लहरा—
तारों की-सी छाँह साँवली,
सीधे पग धरती न बाँवली,—
कोमलता के भार से मरी,
अंग भंगिमा भरी, छरहरी !
उद्भिद जग की-सी निर्झरिणी
हरित नीर, बहती-सी टहनी !
सोनजुही की बेल,
चौकड़ी भरती चंचल हिरनी !
आकांक्षा-सी उर से लिपटी,

प्राणों के रज तम से चिपटी
भू यौवन की-सी अँगड़ाई,
मधु स्वप्नों की-सी परछाईं,–
रीढ़ स्तम्भ का ले अवलम्बन
घरा चेतना करती रोहण,–
आः, विकास पथ पर भू जीवन
सोनजुही की बेल
गन्ध बन उड़ी, भरा नभ का मन !

मूल स्थूल धरती के भीतर,
खींच अचेतन का तम बाहर,
वह अपने अन्तर का प्रिय धन
शान्ति ध्वजा-सा शुभ्र मणि सुमन
कम्पित मृदुल हथेली पर धर
उठा क्षीण भुजवृन्त उच्चतर,–

अर्पित करती, लो, प्रकाश को
निज अधरों के अमृत हास को
प्राणों के स्वर्णिम हुलास को !

सोनजुही की बेल
समर्पित करती अन्तर्मुख विकास को,
उर सुवास को !

मानव मन कर रहा प्रतीक्षा
सोनजुही से ले नव दीक्षा,–

उसके उर के अन्ध राग से
प्राणों की हरिताभ आग से
फूटे चेतन शुभ्र शिखा,–
जो सके दिखा–
मानवता का पथ !
जीवन का रथ
–बढ़े !
प्रेम हो जग का इति अथ,
त्याग जन सारथि अभिमत !
सोनजुही दृष्टान्त–
मनुज संघर्षों से श्लथ,
रीढ़ कर्दम में लथपथ !!

## चाँद

टूटी चूड़ी-सा चाँद
न जाने निर्जन नभ में
किसकी मृदुल
कलाई से गिर पड़ा !–

हाय, दूज की चाँद
कौन, जग से अदृश्य,
गोरी होगी वह !

## कहाँ उड़ गई विहग बालिका

पतझर के पीले पत्तों से
लिप-पुत गया धरा का आँगन,
कुम्हलाए से अंगों का जग,—
मन में लगते स्मृति के दंशन !
नग्न टहनियों की कृश शोभा
आकर्षित करती लोचन मन,
सद्य नग्नता ही शैशव की
मुक्त वयस की प्रिय आभूषण !

नीबू के मुकुलों की सौरभ
नासा रन्ध्रों में प्रवेश कर
एक मधुरतर सूक्ष्म गन्ध से
भर-सा देती आकुल अन्तर !
विश्व धूल में सना खेलता,
शिशुओं का क्रीड़ा सहचर बन,
अपने भावों के खंडहर-सा
लगता मुझे रिक्त पतझर वन !
लटके सूने विहग नीड़—
निर्जन वन-सा मेरा उर आँगन,
कहाँ उड़ गई विहग बालिका
जिसके प्रिय स्वर हरते थे मन !

मधुर स्नेह स्वप्नों की कोंपल
सोईं तरु वन में हत चेतन,
नव वसन्त आ आकुल उर में
स्मृतियाँ उकसाएगा नूतन !

## कौए, बत्तखें, मेंढक

कहाँ मढ़ा लाए सोने से अपनी चोंचें,
सारे कौए, प्यारे कौए,
कहाँ मढ़ा लाए सोने से अपनी चोंचें !
कौन सँदेशा लाये घर घर,
कौन सगुन स्वर, कौन अतिथि वर,
काले पंखों के झुटपुट से
मन के रीते आँगन को भर !
कहाँ मढ़ा लाए सोने से अपनी चोंचें,
प्यारे कौए, न्यारे कौए,
कहाँ मढ़ा लाए सोने से अपनी चोंचें !
पौ फट गई ! सुनहला युग क्षण—आओ, सोचें !
कहाँ जड़ा लाईं हीरों से अपनी पाँखें !
गोरी बत्तख़ें, भूरी बत्तखें,
कहाँ जड़ा लाईं हीरों से अपनी पाँखें !
कौन झील, कैसा चेतन जल,
जहाँ खिला वह स्वर्ण कमल दल,
पाप पंक में रहनेवाली
कहाँ पा गई पुण्य तेज बल !
कहाँ जड़ा लाईं हीरों से अपनी पाँखें !
गोरी भोरी, भूरी बतखें,
कहाँ जड़ा लाईं हीरों से अपनी आँखें !
नयी दृष्टि यह ! पाप पुण्य फल ?—खोलो आँखें !

कहाँ गढ़ा लाए कंठों में वीणा के स्वर,
ये पीले मटमैले मेंढक,
कहाँ गढ़ा लाए कंठों में वीणा के स्वर ?
भू का उपचेतन आवाहन
उत्कंठित करता रह-रह मन,
कौन साध, किन श्रवणों के हित
करती क्या गोपन सम्भाषण ?
कहाँ गढ़ा लाए कंठों में वीणा के स्वर,
पीले, हरे, मटैले मेंढक,
कहाँ गढ़ा लाए कंठों में वीणा के स्वर,–
प्रेम तत्त्व यह ! सृजनातुर अगजग का अन्तर !

## गृह, मग, वन में आया वसन्त

चंचल पग दीपशिखा के घर
गृह, मग, वन में आया वसन्त !
सुलगा फाल्गुन का सूनापन
सौन्दर्य शिखाओं में अनन्त !

सौरभ की शीतल ज्वाला से
फैला उर-उर में मधुर दाह
आया वसन्त, भर पृथ्वी पर
स्वर्गिक सुन्दरता का प्रवाह !

पल्लव-पल्लव में नवल रुधिर
पत्रों में मांसल रंग खिला,
आया नीली-पीली लौ से
पुष्पों के चित्रित दीप जला !

अधरों की लाली से चुपके
कोमल गुलाब के गाल लजा,
आया, पंखड़ियों को काले-
पीले धब्बों से सहज सजा !

कलि के पलकों में मिलन स्वप्न,
अलि के अन्तर् में प्रणय गान
लेकर आया, प्रेमी वसन्त,–
आकुल जड़ चेतन स्नेह-प्राण !

काली कोकिल !–सुलगा उर में
स्वरमयी वेदना का अंगार,

आया वसन्त, घोषित दिगन्त
करती, भर पावक की पुकार !

आः, प्रिये ! निखिल ये रूप रंग
रिलमिल अन्तर में स्वर अनन्त
रचते सजीव जो प्रणय मूर्ति
उसकी छाया, आया वसन्त !

## लाई हूँ फूलों का हास...

लाई हूँ फूलों का हास,
लोगी मोल, लोगी मोल ?
तरल तुहिन-वन का उल्लास
लोगी मोल, लोगी मोल ?

फैल गई मधुऋतु की ज्वाल,
जल-जल उठतीं वन की डाल !
कोकिल के कुछ कोमल बोल
लोगी मोल, लोगी मोल ?

उमड़ पड़ा पावस परिप्रोत–
फूट रहे नव-नव जल स्रोत !
जीवन की ये लहरें लोल
लोगी मोल, लोगी मोल ?

विरल जलद-पट खोल अजान
छाई शरद रजत मुसकान;
यह छवि की ज्योत्स्ना अनमोल ?
लोगी मोल, लोगी मोल ?

अधिक अरुण है आज सकाल–
चहक रहे जग-जग खग-बाल;
चाहो तो सुन लो जी खोल
कुछ भी आज न लूँगी मोल !

## झंझा में नीम

सर् सर् मर् मर्
रेशम के-से स्वर भर,
घने नीम दल
लम्बे, पतले, चंचल,
श्वसन-स्पर्श से
रोमहर्ष से
हिल-हिल उठते प्रतिपल !
वृक्ष शिखर से भू पर
शत-शत मिश्रित ध्वनि कर
फूट पड़ा, लो, निर्झर
मरुत,–कम्प्र, अर !...
झूम झूम, झुक झुक कर,
भीम नीम तरु निर्भर
सिहर सिहर थर् थर् थर्
करता सर् मर्
चर् मर् !

लिप-पुत गए हरित दल
मर्मर में हो ओझल,
वायु वेग से अविरल
धातु-पत्र-से बज कल !
खिसक, सिसक, साँसें भर,

भीत, पीत, कृश, निर्बल,
नीम दल सकल
झर-झर पड़ते पल-पल !

## स्मृति गीत

आकुल स्वर लहरी आती है !
दूर, सुनहली छाँहों में छिप
काम श्याम कोयल गाती है !

चूर्ण-मुकुर चंचल मानस जल,
स्मृति पुलिनों को छूता छल-छल,
यौवन मद सौन्दर्य भरी
भावना तरी उमगी जाती है !

प्राण गुह्य आकांक्षा पुलकित
बर्ह भार चल रँग फुहार स्मित,
मेघों में छिप दिप शशि रेखा
इन्द्रधनुष शत फहराती है !

कितने मधु निदाघ मुरझाते,
कितने जलद शरद मुसकाते,
अह, युग-युग के विरह मिलन की
यह पिक ध्वनि अक्षय थाती है !

नील अंक में तन्मय शोभित
हरित धरा नत-मुख हरती चित,

कौन साध वह ? उठती गिरती
विस्तृत सागर-सी छाती है !

मुग्ध प्रीति की चिनगी कोयल
मुक्त अमित का आकर्षण बल,
एक छन्द स्वर लय में झंकृत
अभिव्यक्ति संसृति पाती है !

## काला तो यह बादल है !

काला तो यह बादल है !
कुमुद कला है जहाँ किलकती
वह नभ जैसा निर्मल है,
मैं वैसी ही उज्ज्वल हूँ मा !
काला तो यह बादल है !
मेरा मानस तो शशि हासिनि !
तेरी क्रीड़ा का स्थल है,
तेरे मेरे अन्तर् में मा !
काला तो यह बादल है !
तेरी किरणों से ही उतरा
मोती-सा शुचि हिमजल है,
मा ! इसको भी छू दे कर से
काला जो यह बादल है !
तब तू देखेगी मेरा मन
कितना निर्मल, निश्छल है,
जब दृगजल बन बह जावेगा
काला जो यह बादल है !

## धेनुएँ

ओ रँभाती नदियो,
बेसुध
कहाँ भागी जाती हो ?
वंशी रव
तुम्हारे ही भीतर है !
ओ फेन गुच्छ
लहरों की पूँछ उठाये
दौड़ती नदियो,
इस पार उस पार भी देखो,–
जहाँ फूलों के कूल,
सुनहले धान के खेत हैं !
कल - कल छल - छल
अपनी ही विरह व्यथा
प्रीति कथा कहते
मत चली जाओ !
सागर ही तुम्हारा सत्य नहीं !
वह तो गतिमय स्रोत की तरह
गति हीन स्थिति भर है !
तुम्हारा सत्य तुम्हारे भीतर है !–
राशि का ही अनन्त
अनन्त नहीं,–
गुण का अनन्त
बूँद-बूँद में है !

ओ दूध धार टपकाती
शुभ्र प्रेरणा धेनुओ,
तुम जिस वत्स के लिए
व्याकुल हो
वह मैं ही हूँ !
मुझे अपना धारोष्ण प्रकाश
अनामय अमृत पिलाओ !
अपनी शक्ति
अपना जय दो !
मुझे उस पार खड़ी
मानवता के लिए
सत्य का वोहित्थ
खेना है !
ओ तट सीमा में बहनेवाली
सीमा हीन स्रोतस्विनियो,
मैं जल से ही
स्थल पर आया हूँ !

## स्नेह चाहिए सत्य, सरल !

स्नेह चाहिए सत्य, सरल !
कैसा ऊँचा-नीचा पथ है
मा ! उस सरिता का अविरल,
तेरे गीतों को वह जिसमें
गाती है टल्-टल् छल्-छल्!
मैं भी उससे गीत सीखने
आज गई थी उसके पास,
उसके कैसे मृदुल भाव हैं ?
उज्ज्वल तन, मन भी उज्ज्वल!
कितने छन्दों में लहराकर
गाती है वह तेरे गीत ?
एक भाव से अपने सुख-दुख
तुझे सुनाती है कल्-कल् !
मा ! उसको किसने बतलाया
उस अनन्त का पथ अज्ञात ?
वह न कभी पीछे फिरती है,
कैसा होगा उसका बल ?
एक ग्रन्थि भी नहीं पड़ी है
उसके सरल मृदुल उर में,
उसका कैसा कर्मयोग है,
वह चंचल है, या अविचल ?

## इस विस्तृत हॉस्टल में

इस विस्तृत हॉस्टल में
मैं सुनती हूँ
मेरा भी है सखि ! छोटा-सा रूम,
जहाँ मेरी आकांक्षा सूम
गूँजती है प्रतिपल को तूम !
इन असंख्य मृदु कंठ स्वरों में,
मिला हुआ है अलि ! मेरा भी
कम्पित स्वर अति दीन,
रुँधी दुर्बलता की ध्वनि क्षीण
डूबती है जिनमें हो लीन !
शून्य हृदय दुर्विघ्न गेंद-से
ठुकराकर अविराम,
साथ, मैं भी जीवन का काम
गोल पाती हूँ अति अभिराम !

X X X

उठो सजनि ! घंटे की ध्वनि में
गूँज रहा है, सुनो, हमारा
प्रिय कर्त्तव्य कठोर !
जाति सेवा की उज्ज्वल भोर
बढ़ाती है, वह, कर इस ओर !

## मोह

छोड़ द्रुमों की मृदु छाया,
तोड़ प्रकृति से भी माया,
बाले ! तेरे बाल जाल में कैसे उलझा दूँ लोचन ?
भूल अभी से इस जग को !

तज कर तरल तरंगों को,
इन्द्रधनुष के रंगों को,
तेरे भ्रू भंगों से कैसे बिंधवा दूँ निज मृग-सा मन ?
भूल अभी से इस जग को !

कोयल का वह कोमल बोल,
मधुकर की वीणा अनमोल,
कह, तब तेरे ही प्रिय स्वर से कैसे भर लूँ सजनि ! श्रवन ?
भूल अभी से इस जग को !

ऊषा सस्मित किसलय दल,
सुधारश्मि से उतरा जल,
ना, अधरामृत ही के मद में कैसे बहला दूँ जीवन ?
भूल अभी से इस जग को !

## मौन निमन्त्रण

स्तब्ध ज्योत्स्ना में जब संसार
चकित रहता शिशु-सा नादान,
विश्व के पलकों पर सुकुमार
विचरते हैं जब स्वप्न अजान;
न जाने, नक्षत्रों से कौन
निमन्त्रण देता मुझको मौन !

सघन मेघों का भीमाकाश
गरजता है जब तमसाकार,
दीर्घ भरता समीर निःश्वास,
प्रखर झरती जब पावस धार;
न जाने, तपक तड़ित में कौन
मुझे इंगित करता तब मौन !

देख वसुधा का यौवन भार
गूँज उठता है जब मधुमास,
विधुर उर के-से मृदु उद्गार
कुसुम जब खुल पड़ते सोच्छ्वास;
न जाने, सौरभ के मिस कौन
सँदेशा मुझे भेजता मौन !

क्षुब्ध जल शिखरों को जब वात
सिन्धु में मथकर फेनाकार,
बुलबुलों का व्याकुल संसार
बना बिथुरा देती अज्ञात;

उठा तब लहरों से कर कौन
न जाने, मुझे बुलाता मौन !

स्वर्ण, सुख, श्री, सौरभ में भोर
विश्व को देती है जब बोर,
विहग कुल की कल कंठ हिलोर
मिला देती भू नभ के छोर;
न जाने, अलस पलक दल कौन
खोल देता तब मेरे मौन !

तुमुल तम में जब एकाकार
ऊँघता एक साथ संसार,
भीरु झींगुर कुल की झनकार
कँपा देती तन्द्रा के तार;
न जाने, खद्योतों से कौन
मुझे पथ दिखलाता तब मौन !

कनक छाया में, जब कि सकाल
खोलती कलिका उर के द्वार,
सुरभि पीड़ित मधुपों के बाल
तड़प, बन जाते हैं गुंजार,
न जाने, ढुलक ओस में कौन
खींच लेता मेरे दृग मौन !

बिछा कार्यों का गुरुतर भार
दिवस को दे सुवर्ण अवसान,
शून्य शय्या में, श्रमित अपार,
जुड़ाती जब मैं आकुल प्राण;
न जाने मुझे स्वप्न में कौन
फिराता छाया जग में मौन !

न जाने कौन, अये द्युतिमान !
जान मुझको अबोध, अज्ञान,
सुझाते हो तुम पथ अनजान,
फूँक देते छिद्रों में गान;
अहे सुख-दुख के सहचर मौन !
नहीं कह सकती तुम हो कौन !

## छाया

कौन, कौन तुम परिहत वसना,
म्लान-मना, भू पतिता-सी,
वात-हता विच्छिन्न लता-सी,
रति श्रान्ता व्रज वनिता-सी ?
नियति वंचिता, आश्रय रहिता,
जर्जरिता, पद दलिता-सी,
धूलि धूसरित मुक्त कुन्तला,
किसके चरणों की दासी ?

कहो, कौन हो दमयन्ती-सी
तुम तरु के नीचे सोई ?
हाय ! तुम्हें भी त्याग गया क्या
अलि ! नल-सा निष्ठुर कोई !
पीले पत्रों की शय्या पर
तुम विरक्ति-सी, मूर्च्छा-सी,
विजन विपिन में कौन पड़ी हो
विरह मलिन, दुख विधुरा-सी ?

गूढ़ कल्पना-सी कवियों की
अज्ञाता के विस्मय-सी,
ऋषियों के गम्भीर हृदय-सी,
बच्चों के तुतले भय-सी;
भू पलकों पर स्वप्न जाल-सी,
स्थल-सी, पर, चंचल जल-सी,

मौन अश्रुओं के अंचल-सी,
गहन गर्त में समतल-सी ?

तुम पथ श्रान्ता द्रुपद सुता-सी
कौन छिपी हो अलि ! अज्ञात
तुहिन अश्रुओं से निज गिनती
चौदह दुखद वर्ष दिन-रात ?

तरुवर की छायानुवाद-सी
उपमा-सी, भावुकता-सी
अविदित भावाकुल भाषा-सी
कटी छँटी नव कविता-सी;

पछतावे की परछाईं-सी
तुम भू पर छाई हो कौन ?
दुर्बलता-सी, अँगड़ाई-सी,
अपराधी-सी भय से मौन !

मदिरा की मादकता-सी औ'
वृद्धावस्था की स्मृति-सी,
दर्शन की अति जटिल ग्रन्थि-सी
शैशव की निद्रित स्मिति-सी,

आशा के नव इन्द्रजाल-सी,
सजनि ! नियति-सी अन्तर्धान,
कहो कौन तुम तरु के नीचे
भावी-सी हो छिपी अजान ?

चिर अतीत की विस्मृत स्मृति-सी,
नीरवता की सी झंकार,
आँखमिचौनी-सी असीम की,
निर्जनता की सी उद्गार,

परियों की निर्जल सरसी-सी,
वन्य देवियाँ जहाँ विहार
करतीं छिप-छिप छाया जल में,
अनिल वीचियों में सुकुमार !

तुम त्रिभुवन के नयन चित्र-सी
यहाँ कहाँ से उतरी प्रात,
जगती की नेपथ्य भूमि-सी,
विश्व विदूषक-सी अज्ञात !

किस रहस्यमय अभिनय की तुम
सजनि ! यवनिका हो सुकुमार,
इस अभेद्य पट के भीतर है
किस विचित्रता का संसार ?

निर्जनता के मानस पट पर
—बार-बार भर ठंडी साँस—
क्या तुम छिपकर क्रूर काल का
लिखती हो अकरुण इतिहास ?

सखि ! भिखारिणी-सी तुम पथ पर
फैला कर अपना अंचल,
सूखे पातों ही को पा क्या
प्रमुदित रहती हो प्रतिपल ?

पत्रों के अस्फुट अधरों से
संचित कर सुख-दुख के गान,
सुला चुकी हो क्या तुम अपनी
इच्छाएँ सब अल्प, महान ?

कालानिल की कुंचित गति से
बार-बार कम्पित होकर,

निज जीवन के मलिन पृष्ठ पर
नीरव शब्दों में निर्भर
किस अतीत का करुण चित्र तुम
खींच रही हो कोमलतर,
भग्न भावना, विजन वेदना,
विफल लालसाओं-से भर ?

ऐ अवाक् निर्जन की भारति,
कम्पित अधरों-से अनजान
मर्म मधुर किस सुर में गाती
तुम अरण्य के चिर आख्यान !
ऐ अस्पृश्य, अदृश्य अप्सरि !
यह छाया तन, छाया लोक,
मुझको भी दे दो मायाविनि,
उर की आँखों का आलोक !

ज्योतिर्मय शत नयन खोल नित,
पुलकित पलक पसार अपार,
श्रान्त यात्रियों का स्वागत क्या
करती हो तुम बारम्बार ?
थके चरण चिह्नों को अपनी
नीरव उत्सुकता से भर,
दिखा रही हो अथवा जग को
पर सेवा का मार्ग अमर ?

कभी लोभ-सी लम्बी होकर,
कभी तृप्ति-सी हो फिर पीन,
क्या संसृति की अचिर भूति तुम
सजनि ! नापती हो स्थिति हीन ?

श्रमित, तपित अवलोक पथिक को
रहती या यों दीन, मलीन ?
ऐ विटपी की व्याकुल प्रेयसि,
विश्व वेदना में तल्लीन !

दिनकर कुल में दिव्य जन्म पा
बढ़कर नित तरुवर के संग,
मुरझे पत्रों की साड़ी से
ढँककर अपने कोमल अंग

सदुपदेश सुमनों से तरु के
गूँथ हृदय का सुरभित हार,
पर सेवा रत रहती हो तुम,
हरती नित पथ श्रान्ति अपार !

हे सखि ! इस पावन अंचल से
मुझको भी निज मुख ढँककर,
अपनी विस्मृत सुखद गोद में
सोने दो सुख से क्षण-भर !

चूर्ण शिथिलता-सी अँगड़ा कर
होने दो अपने में लीन,
पर पीड़ा से पीड़ित होना
मुझे सिखा दो, कर मद हीन !

X X X X

गाओ, गाओ विहग बालिके,
तरुवर से मृदु मंगल गान,
मैं छाया में बैठ तुम्हारे
कोमल स्वर में कर लूँ स्नान !

—हाँ सखि ! आओ, बाँह खोल हम
लगकर गले, जुड़ा लें प्राण,
फिर तुम तम में, मैं प्रियतम में
हो जावें द्रुत अन्तर्धान !

## धूप का टुकड़ा

एक धूप का हँसमुख टुकड़ा
तरु के हरे झरोखे से झर
अलसाया है धरा धूल पर–
चिड़िया के सफ़ेद बच्चे-सा !
उसे प्यार है भू रज से
लेटा है चुपके !

वह उड़ कर
किरणों के रोमिल पंख खोल
तरु पर चढ़
ओझल हो सकता फिर अमित नील में !
लोग समझते
मैं उसको व्यक्तित्व दे रहा
कला स्पर्श से !

मुझको लगता
वही कला को देता निज व्यक्तित्व
स्वयं व्यक्तित्ववान्
ज्योतिर्मय जो !

भू-रज में लिपटा
श्री शुभ्र धूप का टुकड़ा
वह रे स्वयंप्रकाश
अखंड प्रकाशवान् !

## मधुछत्र

ओ ममाखियो,
यह सोने का मधु
कहाँ से लाईं ?
वे किस पार के वन थे
सद्यः खिले फूल ?
जिनकी पंखुड़ियाँ
अंजलियों की तरह
अनन्त दान के लिए
खुली रहती हैं !
कितने स्रष्टा
स्वप्न द्रष्टा
चितवन तूली से
उनके रूप-रंग अंकित कर लाए !
फूलों के हार
पुष्पों के स्तवक सँजोकर
उन्होंने
कुम्हलाई हाटें लगाईं !
रूप के प्यासे नयन
मधु नहीं चीन्ह सके !
ओ सोने की माखी,
तुम गर्भ ही में पैठ गईं,
स्वर्ग में प्रवेश कर
हिमालय-से अचेत

शुभ्र मौन को
गुंजित कर गईं !

उन माणिक पुष्पराग के
जलते कटोरों में
कैसा पावक रहा,
हीरक रश्मियों भरा ?
जिसे दुह कर
तुम घट भर लाईं !
कौन अरूप गन्ध तुम्हें
कल का सन्देश दे गई ?
ओ गीत सखी
ये बोलते पंख मुझे भी दो,
जो गाते रहते हैं–
और,
वह मधु की गहरी परख–
मैं भी
मधुपायी उड़ान भरूँगा !
मानवता की रचना
तुम्हारे छत्ते-सी हो !
जिसमें स्वर्ग फूलों का मधु,
युवकों के स्वप्न,
मानव हृदय की
करुणा ममता,–
मिट्टी की सोंधी गन्ध भरा
प्रेम का अमृत,
प्राणों का रस हो !

## अन्धकार का घोर प्रहर यह

अन्धकार का घोर प्रहर यह
नीरवता गहराती रह-रह–
मन में नहीं कहीं भय संशय,
प्राण, अभी पौ फटनेवाली !
लोक परीक्षा का दारुण क्षण
दृष्टि ज्योति हत, लक्ष्य भ्रष्ट मन,
बढ़ता ही जाता संघर्षण
निशा और भी घिरती काली !
गरज रहा निस्तल तम सागर
निश्चेतन भू-मन का गह्वर,–
शान्त, सौम्य आस्था का अन्तर
नभ में फूटेगी ही लाली !
भाव स्तब्ध, निर्वाक् दिगन्तर
छायाएँ-सी चलतीं भू पर,
चीर तीर-सी रही क्षितिज-उर
अरुण चूड़ की ध्वनि मतवाली !
मूँद रहीं ताराएँ लोचन
स्वप्नों से उपचेतन उन्मन,
निर्जन तम में रेंग रहा कुछ
केंचुल झाड़ रही निशि व्याली !
रक्त-स्नात, लो, प्राची अम्बर

धँसता उर में स्वर्ण पंख शर,
अँगड़ाता सोया समीर जग,
        तृण तरुदल देते करताली !
अब प्रकाश-गर्भित लगता तम
यह नव युग आगम का उपक्रम,
चूर्णिताक्षि, नीलम-प्याली में
        तुमने फिर रस-मदिरा ढाली !

## नौका विहार

शान्त, स्निग्ध, ज्योत्स्ना उज्ज्वल !
अपलक अनन्त, नीरव भूतल !
सैकत शय्या पर दुग्ध धवल, तन्वंगी गंगा, ग्रीष्म विरल,
लेटी हैं श्रान्त, क्लान्त, निश्चल !
तापस बाला गंगा निर्मल, शशि-मुख से दीपित-मृदु करतल,
लहरे उर पर कोमल कुन्तल !
गोरे अंगों पर सिहर-सिहर, लहराता तार-तरल सुन्दर
चंचल अंचल-सा नीलाम्बर !
साड़ी की सिकुड़न सी जिस पर, शशि की रेशमी विभा से भर,
सिमटी हैं वर्तुल, मृदुल लहर !

चाँदनी रात का प्रथम प्रहर,
हम चले नाव लेकर सत्वर !
सिकता की सस्मित सीपी पर मोती की ज्योत्स्ना रही विचर,
लो, पालें चढ़ीं, उठा लंगर !
मृदु मन्द-मन्द, मन्थर-मन्थर, लघुतरणि, हंसिनी-सी सुन्दर,
तिर रही, खोल पालों के पर !
निश्चल जल के शुचि दर्पण पर बिम्बित हो रजत पुलिन निर्भर
दुहरे ऊँचे लगते क्षण-भर !
कालाकाँकर का राजभवन सोया जल में निश्चिन्त, प्रमन
पलकों पर वैभव-स्वप्न सघन !

नौका से उठतीं जल हिलोर,
हिल पड़ते नभ के ओर-छोर !
विस्फारित नयनों से निश्चल कुछ खोज रहे चल तारक दल
ज्योतित कर नभ का अन्तस्तल;
जिनके लघु दीपों को चंचल, अंचल की ओट किए अविरल
फिरतीं लहरें लुक-छिप पल-पल !
सामने शुक्र की छवि झलमल, पैरती परी-सी जल में कल,
रुपहरे कचों में हो ओझल !
लहरों के घूँघट से झुक-झुक, दशमी का शशि निज तिर्यक् मुख
दिखलाता, मुग्धा-सा रुक-रुक !

अब पहुँची चपला बीच धार,
छिप गया चाँदनी का कगार !
दो बाँहों से दूरस्थ तीर, धारा का कृश कोमल शरीर
आलिंगन करने को अधीर !
अति दूर क्षितिज पर विटप-माल लगती भ्रू-रेखा-सी अराल,
अपलक-नभ नील-नयन विशाल;
मा के उर पर शिशु-सा, समीप, सोया धारा में एक द्वीप,
ऊर्मिल प्रवाह को कर प्रतीप,
वह कौन विहग ? क्या विकल कोक, उड़ता हरने निज विरह शोक ?
छाया की कोकी को विलोक !

पतवार घुमा, विपरीत धार !
नौका घूमी विपरीत धार !
डाँडों के चल करतल पसार, भर-भर मुक्ताफल फेन-स्फार,
बिखराती जल में तार-हार !

चाँदी के साँपों-सी रलमल नाचतीं रश्मियाँ जल में चल
रेखाओं-सी खिंच तरल-सरल !
लहरों की लतिकाओं में खिल, सौ-सौ शशि, सौ-सौ उडु झिलमिल
फैले फूले जल में फेनिल !
अब उथला सरिता का प्रवाह, लग्गी से ले-ले सहज थाह
हम बढ़े घाट को सहोत्साह !

ज्यों-ज्यों लगती है नाव पार
उर में आलोकित शत विचार !
इस धारा-सा ही जग का क्रम, शाश्वत इस जीवन का उद्गम,
शाश्वत है गति, शाश्वत संगम !
शाश्वत नभ का नीला विकास, शाश्वत शशि का यह रजत हास,
शाश्वत लघु लहरों का विलास !
हे जग-जीवन के कर्णधार ! चिर जन्म-मरण के आर-पार,
शाश्वत जीवन-नौका विहार !
मैं भूल गया अस्तित्व-ज्ञान, जीवन का यह शाश्वत प्रमाण
करता मुझको अमरत्व दान !

## सन्ध्या का झुटपुट

बाँसों का झुरमुट–
सन्ध्या का झुटपुट–
हैं चहक रहीं चिड़ियाँ
टी-वी-टी–टुट्-टुट् ।
वे ढाल ढाल कर उर अपने
हैं बरसा रहीं मधुर सपने
श्रम जर्जर विधुर चराचर पर,
गा गीत स्नेह वेदना सने !
ये नाप रहे निज घर का मग
कुछ श्रमजीवी धर डगमग डग,
भारी है जीवन ! भारी पग !
आः, गा गा शत शत सहृदय खग,
सन्ध्या बिखरा निज स्वर्ण सुभग
औ' गन्ध पवन झल मन्द व्यजन
भर रहे नया इनमें जीवन,
ढीली हैं जिनकी रग रग !
–यह लौकिक औ' प्राकृतिक कला,
यह काव्य अलौकिक सदा चला
आ रहा, सृष्टि के साथ पला !
X X X
गा सके खगों-सा मेरा कवि,
विश्री जग की सन्ध्या की छवि !
गा सके खगों-सा मेरा कवि,
फिर हो प्रभात–फिर आवे रवि !

## मुक्ति क्षण

हरसिंगार की बेला हँसती
तुम पर कर शृंगार निछावर !
कँप-कँप उठता फूलों का तन,
उड़-उड़ बहता सौरभ का मन,
शोभा से भर, अपलक लोचन
पथ में बिछ जाने को तत्पर !
एक-साथ लद पुलकों से वन,
भर जाता सुख स्वप्नों से घन,
करता तुमसे प्रणय निवेदन,
कौन समीर कँपाती अन्तर् !
एक रात, ज्योत्स्ना में गोपन
अन्तर् शोभा में खिल मोहन,
तारों से कर नीरव भाषण
हँसता वह यौवन कृतार्थ कर !
आता प्रातः मधुर मुक्ति क्षण,
जग को कर उर सौरभ वितरण,
हँस-हँस वन श्री आत्म समर्पण
करती प्रिय चरणों पर झर-झर !

## राजू

राजू छोटा सा था जब मेरे घर आया,
दस-पन्द्रह दिन का हो सम्भव ! बड़े प्यार से
पाला पोसा मैंने उसको—सच यह, उसने
छीन लिया था प्यार, बिना जाने ही, मुझसे !

सभी जानते हैं बिल्ली का बच्चा कितना
क्रीड़ाप्रिय होता है ! उसने मोह लिया था
सबका मन अपने विचित्र मौलिक खेलों से !
आँगन में चिड़िया की उड़ती परछाईं को
पंजा मारा करता था वह, उसे पकड़ने !
गति का अद्‌भुत प्रेमी था वह ! उसके आगे
उँगली आप नचाएँ, वह कौतुक से पागल,
झपट हाथ पर, उँगली पंजों में दबोचकर,
उसे चबाता छोटे तीखे दाँत चुभा कर !
कभी उलटकर चिपट पाँव से जाता चुपके
अपनी चपल प्रकृति से प्रेरित—
मुझको चलता देख अजिर में !

एक बार छत पर सतबहनी को खाकर वह
लेटा था, छिप खिड़की की ऊँची मुँडेर पर,
घनी मालती लतिका के पत्तों से आवृत्त !
उसे नहीं देखता कभी जब बड़ी देर तक

मैं पुकारता राजू, राजू, पुसी पुसी की
बार-बार रट लगा, (पड़ोसी हँसते मुझ पर) !
वह मुँडेर से बोला तृप्त उनींदे स्वर में–
छत पर से द्रुत, म्याउँ म्याउँ कर,
अभिनय करने लगा कूदने का आँगन पर !
ऐसे अवसर पर, मैं उठा बेंत की कुर्सी
उसे उतारा करता छत से ! हरि अनन्त
हरि कथा अनन्ता !–राजू के भी हैं असंख्य
लीला जो मुझे स्मरण हैं !

ऐसा कोई स्थान न था वह जहाँ न मिलता–
अलमारी में सोया, भाजी की डलिया में,
धोबी के कपड़ों की पेटी के अन्दर छिप !–
सभी मुँडेरें शयन-तल्प थीं उसकी गोपन !

मैं काग़ज़ की गेंद फेंकता उसके आगे
वह बिजली सा लपक, उछल द्रुत, उसे पकड़कर
पिछली टाँगों के बल खड़ा खेलता उससे,–
अंग भंगि दिखला चंचल, सौ-सौ बल खाकर !
जब कोई बिल्ला घुस आता उसके घर में
तमक, पर्वताकार फुला लेता रोमिल तन,
डील-डौल की उसकी भारी गुर्राहट सुन
नौ दो ग्यारह होता डरकर तुरत विपक्षी !
अगर गिलहरी चंचल लहरी जन्तु-जगत् की,
बिल्ली चटुल भँवर–जो कुछ न मिले तो अपनी
पूँछ पकड़कर, स्वयं नाच सकती पागल सी !

चूहे को वह जिस कौशल से मारा करता
उससे उसकी छलबल भरी चटोर प्रकृति का
बोध सहज हो जाता ! बड़ी कुशलता दिखला
विधि ने बिल्ली की रचना की सब जीवों में !
उस पर अपनी सृष्टि-कला अवसित कर सारी !
कैसी श्री सुकुमार लचीली देह उसे दी,
कितनी सुन्दर चित्र लिखी सी मुद्राओं में
सोने की प्रिय कला, स्वच्छ तन रखने की रुचि–
दूध मलाई आदि व्यंजनों का प्रेमी वह !

एक बार वह अर्ध रात्रि को खाने आया,
तीन बजे होंगे, पन्द्रह फरवरी रही तब,
जाड़े के दिन, मैंने खोल किवाड़, उसे
कमरे के अन्दर गोश्त खिलाया,
दूध पिलाया–सोचा अब वह कुर्सी पर
जाकर सोएगा–बन्द कर दिए द्वार–किन्तु वह
बार-बार गुर्राकर, अपना रोष प्रकट कर
पंजे से खोलने लगा पट, म्याउँ म्याउँ कर !
मौत नाचती होगी उसके सिर पर !–मैंने
जाने दिया उसे ! वह बड़ी स्वतन्त्र प्रकृति का
ढीठ किन्तु स्नेही बिल्ला था, औ' पड़ोस में
उसकी थी ससुराल बड़ी–वह बहु ब्याहा, चाहा
क्वाँरा था–गुह्य रात्रि जीवन का प्रेमी फ्रेंच मैन सा !
वह फिर तब से कभी नहीं लौटा अपने घर !
कई दिनों तक उसकी रही प्रतीक्षा सबको !
इधर-उधर खोजा भी–कहीं न दिया दिखाई !

सारा घर सूना हो गया बिना राजू के !

बड़ा बुरा लगता अब ऐसे क्रीड़ा कुशल
सुघर जीवन साथी को खोकर ! अब भी मुझको
लेटा कभी दिखाई देता वह उपवन में
स्मृति की आँखों में बिम्बित हो !—मधुर स्वप्न सा
जहाँ-जहाँ वह सोता छिपा लता कुंजों में
वहाँ कहीं उसकी छाया अब भी मँडराती,
फूलों की ढेरी सुफेद !—जब कभी करुण ध्वनि
स्पष्ट सुनाई देती आँगन से आती सी,
द्वार खोल मैं उसे खोजता—कहाँ गूँजता
वह अदृश्य स्वर ! पर वह छह वर्षों का साथी
प्यारा राजू चला सदा को गया स्वर्ग अब,
मुझे छोड़कर प्रिय स्मृतियों के कंटक वन में !
अब न कभी लौटेगा मूक सुघर स्नेही वह !!

## आः धरती कितना देती है !

मैंने छुटपन में छिपकर पैसे बोए थे,
सोचा था, पैसों के प्यारे पेड़ उगेंगे,
रुपयों की कलदार मधुर फसलें खनकेंगी,
और, फूल फल कर, मैं मोटा सेठ बनूँगा !
पर बंजर धरती में एक न अंकुर फूटा,
बन्ध्या मिट्टी ने न एक भी पैसा उगला !
सपने जाने कहाँ मिटे, सब धूल हो गए !
मैं हताश हो, बाट जोहता रहा दिनों तक,
बाल कल्पना के अपलक पाँवड़े बिछाकर !
मैं अबोध था, मैंने गलत बीज बोए थे,
ममता को रोपा था, तृष्णा को सींचा था !
अर्धशती हहराती निकल गई है तब से !
कितने ही मधु पतझर बीत गए अनजाने,
ग्रीष्म तपे, वर्षा झूलीं, शरदें मुसकायीं,
सी-सी कर हेमन्त कँपे, तरु झरे, खिले वन !
औ' जब फिर से गाढ़ी ऊदी लालसा लिये,
गहरे कजरारे बादल बरसे धरती पर,
मैंने, कौतूहलवश, आँगन के कोने की
गीली तह को यों ही उँगली से सहलाकर
बीज सेम के दबा दिए मिट्टी के नीचे !
भू के अंचल में मणि माणिक बाँध दिए हों !

मैं फिर भूल गया इस छोटी-सी घटना को,
और बात भी क्या थी, याद जिसे रखता मन !
किन्तु, एक दिन, जब मैं सन्ध्या को आँगन में
टहल रहा था—तब सहसा मैंने जो देखा,
उससे हर्ष विमूढ़ हो उठा मैं विस्मय से !

देखा, आँगन के कोने में कई नवागत
छोटी-छोटी छाता ताने खड़े हुए हैं !
छाता कहूँ कि विजय पताकाएँ जीवन की,
या हथेलियाँ खोले थे वे नन्ही, प्यारी,—
जो भी हो, वे हरे-हरे उल्लास से भरे
पंख मारकर उड़ने को उत्सुक लगते थे,
डिम्ब तोड़कर निकले चिड़ियों के बच्चों-से !

निर्निमेष, क्षण भर, मैं उनको रहा देखता,—
सहसा मुझे स्मरण हो आया—कुछ दिन पहले,
बीज सेम के रोपे थे मैंने आँगन में,
और उन्हीं से बौने पौधों की यह पलटन
मेरी आँखों के सम्मुख अब खड़ी गर्व से,
नन्हे नाटे पैर पटक, बढ़ती जाती है !

तब से उनको रहा देखता, धीरे-धीरे
अनगिनती पत्तों से लद, भर गईं झाड़ियाँ,
हरे भरे टँग गए कई मखमली चँदोवे !
बेलें फैल गईं बल खा, आँगन में लहरा—
और सहारा लेकर बाड़े की टट्टी का

हरे-हरे सौ झरने फूट पड़े ऊपर को !
मैं अवाक् रह गया वंश कैसे बढ़ता है !

छोटे तारों-से छितरे, फूलों के छींटे
झागों-से लिपटे लहरी श्यामल लतरों पर
सुन्दर लगते थे, मावस के हँसमुख नभ-से,
चोटी के मोती-से आँचल के बूँटों-से !

ओह, समय पर उनमें कितनी फलियाँ टूटीं !
कितनी सारी फलियाँ, कितनी प्यारी फलियाँ,
पतली चौड़ी फलियाँ—उफ, उनकी क्या गिनती !
लम्बी-लम्बी अँगुलियों-सी, नन्ही-नन्ही
तलवारों-सी, पन्ने के प्यारे हारों-सी
झूठ न समझें, चन्द्र कलाओं-सी, ढेर-ढेर खिल,
झुंड-झुंड झिलमिलकर कचपचिया तारों-सी !

आः, इतनी फलियाँ टूटीं, जाड़ों भर खाईं,
सुबह-शाम घर-घर में पकीं, पड़ोस पास के
जाने अनजाने सब लोगों में बँटवाईं,
बन्धु-बान्धवों, मित्रों, अभ्यागत, मुहल्ले भर ने खाईं !
जी भर-भर दिन रात मुहल्ले भर ने खाईं !
कितनी सारी फलियाँ, कितनी प्यारी फलियाँ !

यह धरती कितना देती है ! धरती माता
कितना देती है अपने प्यारे पुत्रों को !
नहीं समझ पाया था मैं उसके महत्त्व को !
बचपन में, छिः, स्वार्थ लोभ वश पैसे बोकर !

रत्न प्रसविनी है वसुधा, अब समझ सका हूँ !
इसमें सच्ची समता के दाने बोने हैं,
इसमें जन की क्षमता के दाने बोने हैं,
इसमें मानव ममता के दाने बोने हैं,
जिससे उगल सके फिर धूल सुनहली फसलें
मानवता की—जीवन श्रम से हँसें दिशाएँ !
हम जैसा बोएँगे वैसा ही पाएँगे !

## मैं सबसे छोटी होऊँ

मैं सबसे छोटी होऊँ
तेरी गोदी में सोऊँ,
तेरा अंचल पकड़-पकड़कर
फिरूँ सदा मा ! तेरे साथ,
कभी न छोड़ूँ तेरा हाथ !
बड़ा बनाकर पहले हमको
तू पीछे छलती है मात !
हाथ पकड़ फिर सदा हमारे
साथ नहीं फिरती दिन-रात !
अपने कर से खिला, धुला मुख,
धूल पोंछ, सज्जित कर गात,
थमा खिलौने, नहीं सुनाती
हमें सुखद परियों की बात !
ऐसी बड़ी न होऊँ मैं
तेरा स्नेह न खोऊँ मैं,
तेरे अंचल की छाया में
छिपी रहूँ निस्पृह, निर्भय,
कहूँ—दिखा दे चन्द्रोदय !

## याद है क्या न प्रात की बात ?

मिले तुम राकापति में आज
पहन मेरे दृगजल का हार;
बना हूँ मैं चकोर इस बार,
बहाता हूँ अविरल जलधार,
नहीं फिर भी तो आती लाज
निठुर ! यह भी कैसा अभिमान ?
हुआ था जब सन्ध्या आलोक
हँस रहे थे तुम पश्चिम ओर,
विहग रव बनकर मैं चितचोर !
गा रहा था गुण, किन्तु कठोर !
रहे तुम नहीं वहाँ भी, शोक !...
निठुर ! यह भी, कैसा अभिमान ?
याद है क्या न प्रात की बात ?
खिले थे जब तुम बनकर फूल,
भ्रमर बन, प्राण ! लगाने धूल
पास आया मैं, चुपके शूल
चुभाए तुमने मेरे गात...
निठुर ! यह भी कैसा अभिमान ?
कहाते थे जब तुम ऋतुराज
बना था मैं भी वृक्ष करील,
रात-दिन दृष्टि द्वार उन्मील
बुलाया तुम्हें, (यही क्या शील !)

न आए पास, सजा नव साज...
निठुर ! यह भी कैसा अभिमान ?
अभी मैं बना रहा हूँ गीत
अश्रु से एक-एक लिख घात
किया करते हो जो दिन-रात,
बुझाते हो प्रदीप, बन वात,
प्राणप्रिय ! होकर तुम विपरीत...
निठुर ! यह भी कैसा अभिमान ?

## तुम्हारी आँखों का आकाश

तुम्हारी आँखों का आकाश !
सरल आँखों का नीलाकाश–
खो गया मेरा खग अनजान,
मृगेक्षिणि ! इनमें खग अज्ञान !
देख इनका चिर करुण प्रकाश,
अरुण कोरों में उषा विलास,
खोजने निकला निभृत निवास,
पलक पल्लव प्रच्छाय निवास,
न जाने ले क्या-क्या अभिलाष
खो गया बाल विहग नादान !
तुम्हारे नयनों का आकाश
सजल, श्यामल, अकूल आकाश !
गूढ़, नीरव, गम्भीर प्रसार,
न गहने को तृण का आधार;
बसाएगा कैसे संसार,
प्राण ! इनमें अपना संसार !
न इनका ओर-छोर रे पार,
खो गया वह नव पथिक, अजान !

## आज रहने दो यह गृह-काज

आज रहने दो यह गृह-काज,
प्राण ! रहने दो यह गृह-काज !
आज जाने कैसी वातास
छोड़ती सौरभ-श्लथ उच्छ्वास,
प्रिये, लालस-सालस वातास,
जगा रोंओं में सौ अभिलाष !
आज उर के स्तर-स्तर में, प्राण !
सजग सौ-सौ स्मृतियाँ सुकुमार,
दृगों में मधुर स्वप्न-संसार,
मर्म में मदिर स्पृहा का भार।
शिथिल, स्वप्निल पंखड़ियाँ खोल
आज अपलक कलिकाएँ बाल,
गूँजता भूला भौंरा डोल,
सुमुखि, उर के सुख से वाचाल !
आज चंचल-चंचल मन-प्राण,
आज रे शिथिल-शिथिल तन-भार,
आज दो प्राणों का दिन-मान
आज संसार नहीं संसार !
आज क्या प्रिये, सुहाती लाज !
आज रहने दो सब गृह-काज !

## मंजरित आम्रवन...

मंजरित आम्रवन छाया में
हम प्रिए, मिले थे प्रथम बार,
ऊपर हरीतिमा-नभ गुंजित,
नीचे चन्द्रातप छना स्फार !

तुम मुग्धा थी, अति भावप्रवण,
उकसे थे अँबियों-से उरोज,
चंचल, प्रगल्भ, हँसमुख, उदार,
मैं सलज,—तुम्हें था रहा खोज !
छनती थी ज्योत्स्ना शशिमुख पर,
मैं करता था मुखसुधा पान,—
कूकी थी कोकिल, हिले मुकुल
भर गए गन्ध से मुग्ध प्राण !

तुमने अधरों पर धरे अधर,
मैंने कोमलवपु भरा गोद,
था आत्मसमर्पण सरल, मधुर,
मिल गए सहज मारुतामोद !
मंजरित आम्रद्रुम के नीचे
हम प्रिय, मिले थे प्रथम बार,
मधु के कर में था प्रणयबाण,
पिक के उर में पावकपुकार !

## काले रंग का दुकूल

"मा ! काले रंग का दुकूल नव
मुझको बनवा दो सुन्दर
जिसमें सब कुछ छिप जाता है
रहती नहीं धूलि की डर;
जिसमें चिह्न नहीं पड़ते, जो
नहीं दीखता है श्रीहीन,
लोग नहीं तो हँसी करेंगे
देख मुझे मैली औ' दीन !"

"अरी अभी तू बच्ची ही है
कृष्णे ! निरी अबोध, चपल,
मैं मलमल की साड़ी तुझको
बनवाऊँगी फेनोज्ज्वल;
दिखलाई दें जिसमें सबको
तेरे छोटे से भी अंक,
बार-बार सहमे तू जिससे
रहे शुद्ध नित स्वच्छ, सशंक !"

## आज बचपन का कोमल गात

आज बचपन का कोमल गात
जरा का पीला पात !
चार दिन सुखद चाँदनी रात
और फिर अन्धकार, अज्ञात !
शिशिर-सा झर नयनों का नीर
झुलस देता गालों के फूल !
प्रणय का चुम्बन छोड़ अधीर
अधर जाते अधरों को भूल !
मृदुल होंठों का हिमजल हास
उड़ा जाता निःश्वास समीर;
सरल भौंहों का शरदाकाश
घेर लेते घन, घिर गम्भीर !
शून्य साँसों का विधुर वियोग
छुड़ाता अधर मधुर संयोग;
मिलन के पल केवल दो-चार,
विरह के कल्प अपार !
अरे, वे अपलक चार नयन
आठ आँसू रोते निरुपाय;
उठे-रोओं के आलिंगन
कसक उठते काँटों-से हाय !

## पावन अबोधता

मुझको लिखता देख, हाथ से कलम छीनकर,
मेरी पोती ने टेढ़ी-मेढ़ी रेखाएँ

काग़ज़ पर कुछ खींच, मोड़ अपनी प्रिय ग्रीवा,
देखा मेरी ओर, दर्प से स्फीत दृष्टि से !...

उन निर्मल नीले नयनों से झाँक रहा था
विस्मय का आकाश, अमित विश्वास से भरा,
आत्म विजय के स्मित प्रकाश से विस्फारित सा !

मुग्ध भाव से पीता रहा सरल प्रसन्नता
मैं अपलक चितवन की—मन में लगा सोचने
बचपन की पावन अबोधता कैसी अद्‌भुत,
मधुर, कल्पना प्रिय होती है !

सहसा मेरा
ध्यान गया अपने ऊपर !...कुछ सीधे टेढ़े
आखर काग़ज़ पर लिख, उनको गीत छन्द कह,
मैं भी सम्भवतः सर्वज्ञ समझता हूँ अब
अपने को, गौरव से फूला ! क्या मनुष्य में
शाश्वत शैशव कहीं छिपा रहता, अन्तस की
भाव-मूक गोपन खोहों में ?

कितना थोड़ा
मनुज जान पाता आजीवन विद्यार्जन कर !
सदा अगम्य रहेगा ज्ञान, मनुज अबोध शिशु !
पोती की विस्मित चितवन में सत्य था महत् !

## मेरी प्यारी बेटी सुमिता

मेरी प्यारी बेटी सुमिता–
पाँच साल की
अभी नहीं वह–
कमरे में आ चुपके, मुझको
देख एकटक, बोली,
"दद्दू, मुझे छोड़कर
भला, चले जाओगे क्या तुम ?"
मैंने पूछा,
"क्यों कहती हो ?
कहाँ चला जाऊँगा मैं ?"–वह
चुप रह क्षण-भर, बोली,
"तुम जो मर जाओगे !!"
विस्मय हुआ मुझे !
वह नहीं समझती अब तक
क्या है मृत्यु ?...
सूँघ उसका सिर, बोला हँसकर,
"किसने तुझसे कहा ?
नहीं तो, तुझे छोड़कर
दद्दू भला कहाँ जाएगा ?–
बतलाओ भी
तुझसे किसने कहा ?"
ध्यान से देख मुझे वह

बोली, "दद्दू, हमें किसी ने
नहीं बताया !"
भारी स्वर में कहा,
"ज्ञात है मुझे स्वयं ही !
मुझे छोड़कर मत जाना तुम,
कभी न जाना !"

आँखें भर आईं !...
मैं भावावेग रोककर
बोला, "सोना, बड़ा बनाकर
पहले तुझको
पीछे जाऊँगा मैं !"
"कभी नहीं !" उत्तेजित
स्वर में बोली,
"हम होंगे ही नहीं बड़े, जब
खाएँगे ही नहीं–
बड़े तब कैसे होंगे ?"

सुनकर उसका तर्क,
गोद में लेकर उसको
प्यार किया मैंने,
उसका सिर सूँघ, चूमकर !
उसको समझाया,
लिपटाकर सहज गले से,
"बेटा, सभी नहीं मरते–
मैं भी उनमें हूँ

जो न कभी मरते !
मैं नहीं मरूँगा, तुझसे
सच कहता हूँ !"

समझ गई वह भाव हृदय का
उसे छोड़कर
मैं न कभी मरना चाहूँगा !–
मरने पर भी
मैं उसका ही बना रहूँगा !
दीर्घ साँस निकली
उसके उर से अनजाने,
सुख सन्तोष झलक आया
द्रुत आतुर मुख पर–
लिपट गई वह मेरे उर से
मुग्ध भाव-सी !

## कृतज्ञता

मैं कृतार्थ हूँ, देह, तृणों के लघु दोने में
तुम मेरी आत्मा का पावक करती धारणा—
बहता सुर संगीत तुम्हारी शिरा-शिरा में
जब मैं कर्म क्षुधित अवयव करता संचालन !

मैं कृतज्ञ, मन, अन्धकार को टोह अनुक्षण
तुम प्रकाश अंगुलि बन करते पथ निर्देशन;
भाव, बुद्धि, प्रेरणा—बाह्य श्रेणियाँ पार कर
तुम तन्मय हो बनते शाश्वत मुख के दर्पण !

प्राण, धन्य तुम, रजत हरित ज्वारों में उठकर
आशा आकांक्षा के मोहित फेनिल सागर,
चन्द्र कला को बिठा स्वप्न की ज्वाल तरी में
तुम बिखेरते रत्न-छटा आनन्द तीर पर !

मैं उपकृत, इन्द्रियो—रूप रस गन्ध स्पर्श स्वर
लीला द्वार खुले अनन्त के बाहर भीतर;
अप्सरियों से दीपित सुरधनुओं के अम्बर
निज असीम शोभाओं में तुम पर न्योछावर !

प्रेम, प्रणत हूँ, मेरे हित तुम बने चराचर,
ज्योति मुग्ध हूँ, तुम उज्ज्वल उर मुकुर अगोचर;
शान्ति, देह मन की तुम सात्त्विक सेज अनश्वर,
प्रिय आनन्द, छन्द तुम मेरे, आत्मा के स्वर !

## बीते जीवन की स्मृतियाँ

बीते जीवन की स्मृतियाँ घिर
धूप-छाँह के
पंख मारकर
मँडराने लगतीं अन्तर् में–
फिर अतीत के प्रिय खूँटे में
बाँध चित्त को !

विस्मय होता, पिछला जीवन
कहीं चित्रपट में
अब भी जीवित है,
मन के सूक्ष्म लोक में !...

सात साल का शिशु
मखमल के कपड़े पहने
पूज रहा शिवजी को
आँगन के कोने में–
एक लाल चिकने पत्थर को
खोज नदी से
स्थापित कर उसको
निश्छल शैशव निष्ठा से !
रंग - बिरंगे उपल
अनेकों बहते रहते

क्षिप्र पहाड़ी उत्सों के
फेनिल प्रवाह में
स्रोतों-सा ही चंचल रहता
शैशव का मन
घूर्णित प्रतिपग
हास-अश्रु के आवर्तों में !

वह देखो, भूरे रंग का
बिल्ली का बच्चा
घर में है आ गया कहीं से !
उसके पीछे
पागल रहता है मन !
उसको खिला-पिलाकर
साथ सुलाकर
उसका प्रिय रुरुआना सुनता !

मेरी बहनें उसे प्यार से
जोगी कहतीं !
मँझले भाई उसे पीटते
मुझे रुलाने !

मुझमें मँझले भाई में
सोने से पहले
अधिक दूध पीने की
होड़ लगी रहती है !

घर का बूढ़ा नौकर
बिस्ना बड़ा चतुर है !
वह दोनों के लिए
एक-से ही गिलास में
दूध नित्य लाता है !

मैं घर में छोटा हूँ
मुझे रिझाने को वह
कानों में कहता—
भैया, जल्दी पी लें
मैं दबा-दबाकर
दूध आपके लिए
बहुत मीठा लाया हूँ !
तह पर तह बालाई की
मोटी परतें रख !

मैं अपने भोलेपन में
उससे प्रसन्न हो
दूध गटक लेता तुरन्त—
खाली गिलास कर !

झाड़ू देने में वह
गिरी बहन की चूड़ी
या सोने की बाली
कानों में लटकाकर
काम किया करता चुपके,—
सबसे अजान रह !

बहन देख, जब कान खींचती,
हँसकर कहता—
बहुत बालियाँ लगीं
धान-जौ के खेतों में
आप कहें तो
अभी तोड़कर ला दूँ !
विस्मित, बहन पूछती—
सच कहते हो !
बिस्ना चुपके मुसका देता !

अब जाड़े की सन्ध्या
गहराती जाती है !
मैं आँगन की
चारदीवारी पर बैठा हूँ !
और पैर के तले पड़ी
लम्बी रस्सी से
खेल रहा हूँ—हिला-डुला
उसको पाँवों से !

इतने में भाई आ जाते
मुझे खोजते—
वे भयार्त हो चिल्ला उठते—
क्या करते हो !
इतना मोटा साँप
रेंगता पैर के तले,
मूर्ख, उसे तुम कुचल रहे

तलुओं के नीचे !
अगर उलटकर कहीं
काट ले तो ?...स्तम्भित-सा
सिट्टी-पिट्टी भूल गया हूँ
मैं कुछ क्षण को !
साँप ?...खड़े हो गए
देह के त्रस्त रोंगटे,
कूद हिरन - सा
गलियारे के पार तुरत मैं
पहुँच गया कमरे में
भाई को घसीटता !
विस्मय मूढ़ कि
क्यों न साँप ने काटा मुझको !

साधू बाबा एक आ गए
लो, अब घर में,
आँगन में धूनी ली रमा
उन्होंने अपनी !

बूढ़े हैं वे, एक दाँत है
केवल मुँह में !
हँसकर कहते,
एकदन्त का वर यह बच्चे !
रामायण, भागवत,
महाभारत सब उनको
है कंठस्थ ! प्रसंग सुनाते

उनसे चुनकर,
श्लोकों को धारा प्रवाह
उद्धृत कर मुख से !

पिता सहज श्रद्धालु
सन्तजन के सेवक हैं !
मुझे दिखाकर कहते उनसे—
मेरा सबसे छोटा
मातृहीन बच्चा है !

आँख मूँदकर
साधू कहते—
छोटा ? या कि बड़ा यह सबसे ?

इतने में कौआ आ एक
बैठकर तरु पर
काँव-काँव कर उठता—
देख उसे साधू ने
जा, बच्चा जा—कहा,
और उड़ गया काक वह !

वे बोले,
मैं मन्दिर बना रहा हूँ
शिव का, सोमेश्वर में—
पत्र एक उसके बारे में
यहाँ डाकघर में आया है—

कौए ने आ
यही बात बतलाई !
मैं आश्चर्य चकित हो
गया डाकघर में जब दौड़ा–
निकट रहा जो–
सचमुच, बाबाजी के नाम
एक चिट्ठी थी !
पता लिखा था–
बाबा शंकर गिरि को
पाती मिले–
डाकघर कौसानी में !

मैंने चिट्ठी बाँच
सुना दी बाबाजी को–
आज्ञा पाकर !

शिव प्रतिमा की
प्राण प्रतिष्ठा की तिथि उसमें
लिखी हुई थी !
बाबाजी को, बाद नमन के,
वहाँ बुलाने का आग्रह था;
तिथि से पहले !
ऐसे कितने अद्भुत
आश्चर्यों से जाने
मेरा शैशव का संसार
गढ़ा था विधि ने !

अब भी मुझको
कभी स्मरण हो आता उनका !–
तर्क बुद्धि की सीमा
तब मन अनुभव करता !

बड़ा सुखद होता निःसंशय
शैशव का जग–
सभी नया लगता,
सबसे मिलता दुलार है !
शुभ्र हिमालय की
गरिमामय पृष्ठभूमि में
अब भी लगता
जीवन की पगडंडी पकड़े
विस्मय मुग्ध किशोर एक
बढ़ता अनजाने
छाया संकुल जग जीवन के
दुर्गम वन में !
जाने कौन उसे दिखलाता
राह अपरिचित,
वयोवृद्ध मन भी
रहस्य यह जान न पाया !

## शैशव का जग

कितना सुन्दर, निश्छल होता शैशव का जग !
जब से तुम मेरे घर आई, जीवन के प्रति
बदल गई मेरी सारी धारणा, भावना !
घर का भी ज्यों मानचित्र ही सँवर गया हो !

इधर-उधर कमरों में सुन्दर सजे खिलौने,
मुँह-बोली गुड़ियाएँ, जो पलकें झपकातीं–
कुत्ते, बिल्ली, हिरन, बत्तख, खरगोश और भी
कई खिलौने रंग-रंग के तुमको भाते !

लगता अब, मनुजों का जग भद्दा, झूठा है,
बाल-खिलौनों का ही जगत् सत्य है सबसे !
जैसे सपने ही हों उतर धरा पर आए,
या कि स्वर्ग के देवी-देव रूप धर सुन्दर
तुम्हें रिझाने को अवतरित हुए हों भू पर !

कितनी भोली हो तुम, कितनी निश्छल मधु स्मिति
दूध धुले दो दाँतों से खेलती अजाने !
आकर्षण का केन्द्र तुम्हीं मेरे जीवन की,
सार सृष्टि में है कुछ, मन अब लगा समझने !

कैसी पवित्रता-सी तुमसे लिपटी रहती–
चन्द्र ज्वाल तिरती हो सीपी की लहरों में–
लघु घट में सौन्दर्य सिन्धु ही समा गया हो !

## जन्म दिवस

(20 मई, 1900)

आः, चौवन निदाघ अब बीते,
जीवन के कलशों-से रीते ?–
चौवन मधु निदाघ अब बीते !
गत युग के ऐश्वर्य चिह्न-से, मधु के अन्तिम
ताम्र हरित कुछ पल्लव, कुछ कलि कोरक स्वर्णिम
जाड़े से ठिठुरे, डालों पर बिलमाए थे,
रजत कुहासे पट में लिपटे अलसाए थे;
धरती पर जब शिशु ने पहले आँखें खोलीं !
(आँगन के तरु पर तब क्या गिरि कोयल बोली ?)

विजन पहाड़ी प्रान्त, हिमालय का था अंचल,
स्नेह क्रोड़ शैशव का, गिरि परियों का प्रिय स्थल :
धूप-छाँह का स्वप्न नीड़,–श्यामल, स्मृति कोमल
वन फूलों का गन्ध दोल, ऋतु मारुत चंचल !

नव प्रभात बेला थी, नव जीवन अरुणोदय !
विगत शती थी भुक्तप्राय, युग सन्धि का समय !
ओस हरी ही थी, तृण तरु की पलकों पर जल,
मातृ चेतना शिशु को दे प्राणों का सम्बल
अन्तर्हित जब हुई–भाग्य छल कहिए विधि बल !!
जन्म-मरण आए थे संग-संग बन हमजोली,

मृत्यु अंक में जीवन ने जब आँखें खोलीं !

आः, समदृष्टि प्रकृति ! विषण्ण आँगन में स्वर्गिक स्मिति भर
फूल उठे थे आड़ू, ललछौंहें मुकुलों में सुन्दर !
सेबों की कलियाँ प्रभूत, रक्तिम छींटों से शोभित,
खिलीं मँझोले रजत फलों में करती थीं मन मोहित !
पइयों[1] की प्रमुदित पंखुड़ियाँ उड़ती थीं पिछवारे,
महक रहे थे नीबू, कुसुमों में रजगन्ध सँवारे !
नारंगी, अखरोट, नाक के फूल, मंजरी, कलियाँ
बढ़ा रही थीं ऋतु शोभा केले की फूली फलियाँ !
काफल[2] थे रँग रहे, फूल में थी फल लिये खुबानी,
लाल बुरूसों[3] के मधु छत्तों से थी भरी वनानी !

हँसती थीं घाटियाँ, हिसालू[4] खिले सुनहले क्षण में,
बेड़ू[5] थे बैंगनी, लसलसे, पके अधपके वन में !
लदे अमौए गुच्छों में थे जंगली मूँगी दाने,
टूट रहे थे तोते खटमिट्ठे वन-मेवे खाने !

देवदारु कुंकुम का स्वर्णिम टँगा सहन में था नभ;
साँसें पीती थीं चीड़ों की मर्मर, नीरुज सौरभ !
मूक नवागत का करती थी शैल प्रकृति अभिनन्दन—
वर्षों बाद किशोर हुआ इन दृश्यों के प्रति चेतन !

सोता था क्या भूँक रात-भर झबरा कालू पाजी ?

1. जंगली चेरी, 2. छोटे लाल फल, 3. रोडोडंड्रम, 4. छोटे पीले फल, 5. पहाड़ी अंजीर।

मस्त भोटिया शेर, बाघ से ली थी जिसने बाजी !
सी-सी सीटी बजा, आ रहा होगा भाजी देने
मंगल बावर्जी का नटखट लड़का पैसे लेने !
उमड़ चीटियों-से, किलबिल कर, माली धर निज डलियाँ
चुनते होंगे हरी चाय की बटी सुनहरी कलियाँ !

हाथ जोड़कर, बकता होगा खड़ा मसखरा बिस्ना,
"अब हजूर, पेंसन मिल जाए, और नहीं कुछ तिस्ना !
धौली के सींघों-से कँपते हाथ-पैर कर लकलक,
पानी के बहँगे लाने में साँस फूल जाती थक !
जाड़े से हड्डी बजतीं,–सरकार, हुआ बूढ़ा तन,
मौना के छत्ते करते फूटे कानों में भनभन !
अब मोती पर जीन कसेगी ?–देखें आप किसी छिन
कान खड़े कर, टाप उठाए, करता दिन-भर हिनहिन !
आगे के सब दाँत निगल अब चुका साथ चारे के,
पीठ झुक गई, पेंसन के दिन हैं उस बेचारे के !"
हीं-हीं हँस, जुट गया काम में होगा तुरत लगन से,
भृत्य पुरातन, शुभ दिन की कर मौन कामना मन से !

निश्चय ही, कटती होगी तब जौ-गेहूँ की बाली,
कटि में खोंस दराती, सिर पर धर सोने की डाली,
जाती होगी खेतों में प्रातः मखमल की चोली
मार छींट लहँगे में फेंटा–बहू गाँव की भोली !

ढोरों के संग निकल छोकरे खुले हरे गोचर में
रोल मचाते होंगे, खेल कबड्डी हो-हो स्वर में !

उचक चौंक खरहे झाड़ी में छिपते होंगे डर से,
हिरन चौकड़ी मार, भागते होंगे चकित उधर से !

कन्धे से टाँगी उतारकर, हाथ कनपटी पर धर
गाता होगा गँवई छैला खड़ा किसी चोटी पर !
घास छीलती होगी हरी तलैटी में नथवाली
देख सुवा[1] को छाई होगी आँखों में हरियाली !
छेड़ी होगी मस्त तान स्वर मिला मुखर मर्मर से,
मधुर प्रतिध्वनि आई होगी घाटी के भीतर से !

"बिजली बसती घन में,
आग लगा दी खिल बुरूस ने वन में, तूने तन में !

"मेहँदी पिसती सिल में,
तू न देख पाए, तेरी ही रंगत टूटे दिल में !

"मन उड़ता पाँखों में,
सुवा घूमता वन-वन, तू घूमा करती आँखों में !

"साँझ हुई आँगन में,
तुझे देख कैसे बतलाऊँ क्या हो जाता मन में !

"बदली छाई दिन में,
नई उमर की बाढ़ नवेली उतर जाएगी छिन में !"

---

1. तोता, प्रेमिका।

मीठे स्वर में देती होगी प्यार भरी धनि गाली,–
"क्या खाकर भुखमरे, करेगा तू मेरी रखवाली !
सास सिंहिनी-सी है मेरी, ससुर एक में सौ-से,
जेठ बैल-से हैं, मतवाले, देवर मेरे गौ-से !
सैंया मेरे कामधेनु-से, मैं जाऊँ बलिहारी,
वे चन्दन मैं गन्ध-छाँह, वे चन्दा मैं उजियारी !
वे हिरना मैं हिरनी, पीते मिल झरने का पानी,
तू प्यासा तो खोज कहीं जलधार, मूढ़, बकध्यानी !
ननदी मेरी काली नागिन, जी हो उसे खिझा तू,
वीर मरद जो, बीन बजाकर पहले उसे रिझा तू !
और नहीं तो, क्या चुल्लू-भर पानी तुझे नहीं है ?"
बहती गंगा छोड़ कहाँ जाऊँ धनि, क्या न सही है ?
गूँज रही होंगी, गिरि वन अम्बर में दुहरी तानें,
और पास खिंच आए होंगे दो जन इसी बहाने !

हाँ, तब ऊषा स्वर्ग क्षितिज पर स्वर्णिम मंगल घट भर
उतरी थी, युग उदय शिखर पर माणिक सूर्य मुकुट धर !
पहले से जगकर खग, ऊँचे गिरि वासों के कारण,
गाते थे नव स्वर लय गति में नवल जागरण चारण !
नील, प्रतीक्षा था नीरव–अनुराग द्रवित थे लोचन,
गन्ध तुहिन से ग्रथित रेशमी पट-सा मसृण समीरण !
रंग-रंग के वन फूलों से गुम्फित मखमल के शाद्वल
तल्प सँजोए थे स्मित, शैशव के हित, क्रीड़ा कोमल !

देख रहा था खड़ा निकट ही हिमवत् नव जन्मोत्सव,
गौरव से उन्नत कर मस्तक, बरसा आशीर्वैभव !

अमरों का अधिवास, पुण्य शिखरों से अक्षय कल्पित,
सात्त्विक आत्मोल्लास, चेतना में एकान्त समाधित !
स्वर्गिक गरिमा में उठकर, नैसर्गिक सुषमा में स्थित
स्फटिक श्रृंग निर्वाक् नीलिमा में थे स्वर्ण निमज्जित !
उतर रहा था हेम और चूड़ों पर मौन अतन्द्रित
ज्योति काय चैतन्य लोक-सा नव प्रभात दिक् प्रहसित !
फहराते थे आरोहों पर नीहारों के केतन,
शुभ्रारुण छायातप कम्पित, रश्मि ज्वलित, नव चेतन !
अतल गहनताओं से जग उत्कर्षों में नभ चुम्बित
आध्यात्मिक परिवेश शान्त, लगता था विस्मय स्तम्भित !

तभी अगोचर अन्तरिक्ष में, अन्तर्जग के भीतर
नए शिखर थे निखर रहे शत सूक्ष्म विभव के भास्वर !
जिन पर नूतन युग प्रभात था उदय हो रहा गोपन,
रजत नील स्वर्णारुण श्रृंगों पर भर स्वर्गिक प्लावन !
नई शती थी जन्म ले रही काल दंष्ट्र में जीवित,
स्नेह मूर्ति-सी विगत शती थी कृच्छ्र वेदना मूर्च्छित !
नव चेतन था अभिनव, मानस शव-सा पुण्य पुरातन,
नाल मुकुल !—पर इनका स्मृति पावन सम्बन्ध सनातन !

था निमित्त शिशु, नव युग था अवतरित हो रहा निश्चय,
बहिरन्तर का धूम चीर हँसता था नव स्वर्णोदय !
इसीलिए, सम्भव, हिमाद्रि का स्वर्गोन्मुख आरोहण
युग सनाभि शिशु के मन के हित रहा महत् आकर्षण !
इन्द्रचाप के ज्योति सेतु पर नव स्वप्नों के पग धर
विचरा वह मोहित श्रृंगों पर शोभा तन्मय अन्तर !

महिमान्वित कर मनःक्षितिज को, दृष्टिसरणि को विस्तृत,
दीपित करते थे शैशव पथ सौम्य शिखर दिक् शोभित !
मुग्ध प्रकृति छवि नव किशोर मानस में तिरती थी नित
स्वर्ग अप्सरी-सी तुषार सरसी सुषमा में बिम्बित !

काँव-काँव कर आँगन में कौए गाते थे स्वागत,
गुह्य शक्तियाँ तब अलक्ष्य में निश्चय होंगी जाग्रत् !
अवचेतन निश्चेतन को होना था युग के मन्थित,
मानस को उन्नीत, देह के जड़ अणुओं को ज्योतित !
चिर विभक्त को युक्त, रुद्ध को मुक्त, खंड को पूरित,
धरा विरोधों को होना था विश्व ऐक्य संयोजित !
कुत्सित को सुन्दर, सुन्दर को बनना था सुन्दरतर,
शिव को शिवतर, लोक सत्य को मानव सत्य महत्तर !

दूर कहीं घिरते थे, सम्भव, धीरे, क्रान्ति बलाहक,
रक्तिम लपटों के पर्वत, भू के नव जीवन वाहक !
घुमड़ रही थी क्रुद्ध धरा उर में हुँकार भयानक,
ज्वालामुखी उगलने को था रुद्ध उदर का पावक !

झंझा का था जन्म दोल वह, ऋतु कुसुमों से गुंजित
प्रलय सृजन थे साथ खेलते—प्रभु की दया अपरिमित !
नहीं जानता, कब कृतार्थ होगा भू पर नव चेतन,
तम पर अमर प्रकाश, मृत्यु पर विजयी शाश्वत जीवन !
हिमवत् का विश्वास अटल ले, नव प्रभात की आशा,
नील मौन में खोए शृंगों की अनन्त जिज्ञासा—
प्रलय क्रोड़ में खींच प्रौढ़ शिशु अमृत प्राणप्रद श्वासा,

घृणा द्वेष में लिये हृदय में महत् प्रेम अभिलाषा !
खोज रहा वह युग विनाश में नव जीवन परिभाषा,
विश्व ह्रास में—नवल चेतना, सृजन प्रेरणा, भाषा !
हाँ, चौवन निदाघ अब बीते,
रिक्त अमृत-विष के मटकों से मीठे तीते,—
चौवन मधु निदाघ अब बीते !

## अल्मोड़े में विवेकानन्द

"मा, अल्मोड़े में आए थे
जब राजर्षि विवेकानन्द,
तब मग में मखमल बिछवाया,
दीपावलि की विपुल अमन्द;
बिना पाँवड़े पथ में क्या वे
जननि, नहीं चल सकते हैं ?
दीपावलि क्यों की ? क्या वे मा,
मन्द दृष्टि कुछ रखते हैं ?"

"कृष्णे, स्वामीजी तो दुर्गम
मग में चलते हैं निर्भय,
दिव्य दृष्टि हैं, कितने ही पथ
पार कर चुके कंटकमय;
वह मखमल तो भक्ति भाव थे
फैले जनता के मन के,
स्वामीजी तो प्रभावान हैं,
वे प्रदीप थे पूजन के !"

## तिलक ! हा ! भाल-तिलक !

तिलक ! हा ! भाल-तिलक !
छुड़ा दिया किस अकरुण कर ने
यह शोभालंकार !!
जाति की आशा का संचार !
पुरातन वेदों की झंकार !
अश्रु नयन निशि के आँगन में
बिखर गया अनजान
आज गीता रहस्य का गान !
कोटि त्रय कंठों का प्रिय प्राण !
कर्मयोग की टीका अविकल–
कहाँ गया मा की गोदी का
हाय ! केसरी बाल !
स्वगति में गंगा-सा अविचल !
देश की धूलि से भरा लाल !

## बापू के प्रति

तुम मांसहीन, तुम रक्तहीन, हे अस्थिशेष ! तुम अस्थिहीन,
तुम शुद्ध बुद्ध आत्मा केवल, हे चिर पुराण, हे चिर नवीन !
तुम पूर्ण इकाई जीवन की, जिसमें असार भव-शून्य लीन
आधार अमर, होगी जिस पर भावी की संस्कृति समासीन !

तुम मांस, तुम्हीं हो रक्त अस्थि,—निर्मित जिनसे नवयुग का तन,
तुम धन्य ! तुम्हारा निःस्व त्याग हो विश्व भोग का वर साधन;
इस भस्म काम तन की रज से जग पूर्णकाम नव जग जीवन
बीनेगा सत्य अहिंसा के ताने-बानों से मानवपन !

सदियों का दैन्य तमिस्र तूम, धुन तुमने, कात प्रकाश सूत,
हे नग्न ! नग्न पशुता ढँक दी बुन नव संस्कृत मनुजत्व पूत !
जग पीड़ित छूतों से प्रभूत, छू अमृत स्पर्श से, हे अछूत !
तुमने पावन कर, मुक्त किए मृत संस्कृतियों के विकृत भूत !

सुख भोग खोजने आते सब, आए तुम करने सत्य खोज,
जग की मिट्टी के पुतले जन, तुम आत्मा के, मन के मनोज !
जड़ता, हिंसा, स्पर्धा में भर चेतना, अहिंसा, नम्र ओज,
पशुता का पंकज बना दिया तुमने मानवता का सरोज !

पशुबल की कारा से जग को दिखलाई आत्मा की विमुक्ति,
विद्वेष, घृणा से लड़ने को सिखलाई दुर्जय प्रेम युक्ति;

वर श्रमप्रसूति से की कृतार्थ तुमने विचार-परिणीत उक्ति,
विश्वानुरक्त हे अनासक्त, सर्वस्व त्याग को बना भुक्ति !

सहयोग सिखा शासित जन को शासन का दुर्वह हरा भार,
होकर निरस्त्र, सत्याग्रह से रोका मिथ्या का बल प्रहार;
बहु भेद विग्रहों में खोई ली जीर्ण जाति क्षय से उबार,
तुमने प्रकाश को कह प्रकाश, औ' अन्धकार को अन्धकार !

उर के चरखे में कात सूक्ष्म युग-युग का विषय जनित विषाद,
गुंजित कर दिया गगन जग का भर तुमने आत्मा का निनाद !
रंग रंग खद्दर के सूत्रों में नव जीवन आशा, स्पृहा, ह्लाद
मानवी कला के सूत्रधार, हर लिया यन्त्र कौशल प्रवाद !

जड़वाद जर्जरित जग में तुम अवतरित हुए आत्मा महान्,
यन्त्राभिभूत युग में करने मानव जीवन का परित्राण;
बहु छाया-बिम्बों में खोया, पाने व्यक्तित्व प्रकाशवान,
फिर रक्त-मांस प्रतिमाओं में फूँकने सत्य से अमर प्राण !

संसार छोड़कर ग्रहण किया नर जीवन का परमार्थ सार,
अपवाद बने, मानवता के ध्रुव नियमों का करने प्रचार;
हो सार्वजनिकता जयी, अजित ! तुमने निजत्व निज दिया हार,
लौकिकता को जीवित रखने तुम हुए अलौकिक, हे उदार !

मंगल शशि लोलुप मानव थे विस्मित ब्रह्मांड परिधि विलोक,
तुम केन्द्र खोजने आए तब सब में व्यापक, गत राग शोक,

पशु पक्षी पुष्पों से प्रेरित उद्दाम-काम जन-क्रान्ति रोक,
जीवन इच्छा को आत्मा के वश में रख, शासित किए लोक !

था व्याप्त दिशावधि ध्वान्तः भ्रान्त इतिहास विश्व उद्भव प्रमाण,
बहु हेतु, बुद्धि, जड़ वस्तुवाद मानव संस्कृति के बने प्राण;
थे राष्ट्र, अर्थ, जन, साम्यवाद छल सभ्य जगत के शिष्ट मान,
भू पर रहते थे मनुज नहीं, बहु रूढ़ि रीति प्रेतों समान—

तुम विश्व मंच पर हुए उदित बन जग जीवन के सूत्रधार,
पट पर पट उठा दिए मन से, कर नर चरित्र का नवोद्धार;
आत्मा को विषयाधार बना, दिशि पल के दृश्यों को सँवार,
गा गा—एकोऽहं बहु स्याम, हर लिये भेद, भव भीति-भार !

एकता इष्ट निर्देश किया, जग खोज रहा था जब समता
अन्तर शासन चिर राम राज्य, औ' बाह्य, आत्महन् अक्षमता,
हों कर्म निरत जन, राग विरत; रति-विरति-व्यतिक्रम भ्रम-ममता,
प्रतिक्रिया-क्रिया साधन-अवयव, है सत्य सिद्ध, गति-यति-क्षमता !

ये राज्य, प्रजा, जन, साम्य-तन्त्र शासन-चालन के कृतक यान,
मानस, मानुषी, विकास-शास्त्र हैं तुलनात्मक, सापेक्ष ज्ञान;
भौतिक विज्ञानों की प्रसूति, जीवन-उपकरण-चयन-प्रधान,
मथ सूक्ष्म-स्थूल जग, बोले तुम—मानव मानवता का विधान !

साम्राज्यवाद था कंस, बन्दिनी मानवता पशुबलाक्रान्त,
शृंखला दासता, प्रहरी बहु निर्मम शासन-पद शक्ति-भ्रान्त,

कारागृह में दे दिव्य जन्म मानव आत्मा को मुक्त, कान्त,
जन-शोषण की बढ़ती यमुना तुमने की नत, पद-प्रणत, शान्त !

कारा थी संस्कृति विगत, भित्ति बहु धर्म-जाति-गत रूप-नाम,
बन्दी जग जीवन, भू विभक्त, विज्ञान मूढ़ जन प्रकृति-काम;
आए तुम मुक्त पुरुष, कहने—मिथ्या जड़ बन्धन, सत्य राम,
नानृतं जयति सत्यं, मा भैः, जय ज्ञान ज्योति, तुमको प्रणाम !

## धोबियों का नृत्य

लो, छन छन, छन छन,
छन छन, छन छन,
नाच गुजरिया हरती मन !
धनि के पैरों में घुँघरू कल,
नट की कटि में घंटियाँ तरल,
वह फिरकी-सी फिरती चंचल,
नट की कटि खाती सौ-सौ बल !
लो, छन छन, छन छन,
छन छन, छन छन,
ठुमुक गुजरिया हरती मन !
उड़ रहा ढोल धाधिन, धातिन,
औ' हुडुक घुडुकता ढिम ढिम ढिन,
मंजीर खनकते खिन खिन खिन,
मद मस्त रजक, होली का दिन !
लो, छन छन, छन छन,
छन छन, छन छन,
थिरक गुजरिया हरती मन !
वह काम शिखा-सी रही सिहर,
नट की कटि में लालसा भँवर,
कँप कँप नितम्ब उसके थर्-थर्
भर रहे घंटियों में रति स्वर,

लो, छन छन, छन छन,
छन छन, छन छन,
मत्त गुजरिया हरती मन !

फहराता लँहगा लहर लहर
उड़ रही ओढ़नी फर् फर् फर्
चोली के कन्दुक रहे उघर,
(स्त्री नहीं गुजरिया, वह है नर !)
लो, छन छन, छन छन,
छन छन, छन छन,
हुलस गुजरिया हरती मन !

उर की अतृप्त वासा उभर
इस ढोल मँजीरे के स्वर पर
नाचती, गान के फैला पर,
प्रिय जन गण को उत्सव अवसर—
लो, छन छन, छन छन,
छन छन, छन छन,
चतुर गुजरिया हरती मन !

## चमारों का नाच

अररर...
मचा खूब हुल्लड़ हुड़दंग,
धमक धमाधम रहा मृदंग,
उछल कूद, बकवाद झड़प में
खेल रही खुल हृदय उमंग
यह चमार चौदस का ढंग !
ठनक कसावर रहा ठनाठन,
थिरक चमारिन रही छनाछन,
झूम झूम बाँसुरी करिंगा
बजा रहा, बेसुध सब हरिजन
गीत नृत्य के संग है प्रहसन !
मजलिस का मसखरा करिंगा
बना हुआ है रंग - बिरंगा,
भरे चिरकुटों से वह सारी
देह, हँसाता खूब लफंगा,
स्वाँग युद्ध का रच बेढंगा !
बँधा चाम का तवा पीठ पर
पहुँचे पर बद्धी का हंटर,
लिये हाथ में ढाल, टेढ़ी
दुमुँहा-सी बलखाई सुन्दर–
इतराता वह बन मुरलीधर !
जमींदार पर फबती कसता,

बाम्हन ठाकुर पर है हँसता,
बातों में वक्रोक्ति काकु औ'
श्लेष बोल जाता वह सस्ता,
कल काँटा को कह कलकत्ता !
घमासान हो रहा है समर,
उसे बुलाने आए अफसर,
गोला फटकर आँख उड़ा दे
छिपा हुआ वह, उसे यही डर,
खौफ़ न मरने की रत्ती भर !
'काका' उसका है साथी नट,
गदके उस पर जमा पटापट,
उसे टोकता—'गोली खाकर
आँख जाएगी क्यों बे नटखट ?
भुन न जाएगा भुनगे-सा झट ?'
'गोली खाई ही हैं !' चल हट !
'कई—भाँग की !' वाः, मेरे भट !
'सच काका !' भगवान राम
'सीसे की गोली !' 'रामर्ध ?' 'विकट !'
गदका उस पर पड़ता चटपट !
वह भी फौरन बद्धी कसकर
काका को देता प्रत्युत्तर,
खेत रह गए जब सब रण में
वह तब निधड़क गुस्से में भर,
लड़ने को निकला था बाहर !
लट्टू उसके गुन पर हरिजन,
छेड़ रहा वंशी फिर मोहन,

तिरछी चितवन से जन-मन हर
इठला रही चमारिन छन छन,
ठनक कसावर बजता ठन ठन !
ये समाज के नीच अधम जन,
नाच-कूद कर बहलाते मन,
वर्णों के पद दलित चरण से
मिटा रहे निज कसक औ' कुढ़न
कर उच्छृंखलता उद्धतपन !
अररर...
शोर, हँसी, हुल्लड़, हुड़दंग,
धमक रहा धाग्ड़ाँग मृदंग
मार-पीट बकवास झड़प में
रंग दिखाती महुआ, भंग
यह चमार चौदस का ढंग !

## ग्राम वधू

जाती ग्राम वधू पति के घर !
मा से मिल, गोदी पर सिर धर,
गा-गा बिटिया रोती जी भर,
जन-जन का मन करुणा कातर,
जाती ग्राम वधू पति के घर !
भीड़ लग गई लो स्टेशन पर,
सुन यात्री ऊँचा रोदन स्वर
झाँक रहे खिड़की से बाहर,
जाती ग्राम वधू पति के घर !
चिन्तातुर सब, कौन गया मर,
पहियों से दब, कट पटरी पर,
पुलिस कर रही कहीं पकड़-धर !
जाती ग्राम वधू पति के घर !
मिलती ताई से गा रोकर,
मौसी से वह आपा खोकर,
बारी-बारी रो, चुप होकर,
जाती ग्राम वधू पति के घर !
बिदा फुआ से ले हा-हाकर,
सखियों से रो धो बतियाकर,
पड़ोसिनों पर टूट, रँभाकर,
जाती ग्राम वधू पति के घर !
मा कहती—रखना सँभाल घर,

मौसी—धनि, लाना गोदी भर,
सखियाँ—जाना हमें मत बिसर,
जाती ग्राम वधू पति के घर !
नहीं आँसुओं से आँचल तर,
जन बिछोह से हृदय न कातर,
रोती वह, रोने का अवसर,
जाती ग्राम वधू पति के घर !
लो अब गाड़ी चल दी भर्-भर्,
बतलाती धनि पति से हँसकर
सुस्थिर डिब्बे के नारी नर,
जाती ग्राम वधू पति के घर !
रोना गाना यहाँ चलन भर,
आता उसमें उभर न अन्तर,
रूढ़ि यन्त्र जन जीवन परिकर,
जाती ग्राम वधू पति के घर !

## भारतमाता

भारतमाता
ग्रामवासिनी !
खेतों में फैला है श्यामल
धूल भरा मैला-सा आँचल
गंगा यमुना में आँसू जल
मिट्टी की प्रतिमा
उदासिनी !

दैन्य जड़ित अपलक नत चितवन
अधरों में चिर नीरव रोदन,
युग-युग के तम से विषण्ण मन,
वह अपने घर में
प्रवासिनी !

तीस कोटि सन्तान नग्न तन,
अर्ध क्षुधित, शोषित निरस्त्र जन,
मूढ़, असभ्य, अशिक्षित, निर्धन,
नत मस्तक
तरु तल निवासिनी !

स्वर्ण शस्य पर-पद-तल लुंठित,
धरती-सा सहिष्णु मन कुंठित,

क्रन्दन कम्पित अधर मौन स्मित,
राहु ग्रसित
शरदेन्दु हासिनी !

चिन्तित भृकुटि क्षितिज तिमिरांकित,
नमित नयन नभ वाष्पाच्छादित,
आनन श्री छाया शशि उपमित,
ज्ञान मूढ़
गीता प्रकाशिनी !

सफल आज उसका तप संयम,
पिला अहिंसा स्तन्य सुधोपम,
हरती जन-मन भय, भव तम भ्रम,
जन जननी
जीवन विकासिनी !

## मनुजों की पसलियाँ उड़ रहीं

देख रहा मैं, मनुजों की पसलियाँ उड़ रहीं
पतझर के पत्तों-सी छितरा युग अन्धड़ में !
शत सहस्र फन विषधर हो फूत्कार भर रहे,
प्रलय नाचता भू पर उन्मद दानव डग धर !

रुद्ध श्वास हो वायु कराह रही भू रज पर,
लोट-पोट हो मूर्च्छित पादप भूमिसात् अब !
घायल-उर पर्वत धँसते जाते धरती में,
भवन खड़े निर्जीव, साँप ज्यों सूँघ गया हो !

नभचुम्बी सब महानगर वीरान पड़े हैं,
साँय-साँय करते सूनेपन में जन-वंचित !
ध्वंस मनुज ने ढाया अपने कृत्रिम जग में,
रंच न बिगड़ सका ईश्वर की अमृत सृष्टि का !

दीप टिमटिमा रहे अभी कुछ ग्राम कुटी में,
ढोरों की घंटियाँ गोचरों में बज उठतीं !
विश्व हृदय सन्तप्त मनुज दुर्बुद्धि के लिए–
एक बात : गत पथरायी चेतना मिट गई !

भेद-विभेदों में विदीर्ण जग लीन हो गया,
चीर विषैले धूम उतरती मानव भावी
कोटि उषाओं की शोभा गरिमा से मंडित !

## द्रुत झरो जगत के जीर्ण पत्र

द्रुत झरो जगत के जीर्ण पत्र,
हे स्रस्त ध्वस्त, हे शुष्क शीर्ण !
हिम-ताप-पीत, मधुवात-भीत,
तुम वीतराग, जड़, पुराचीन !!
निष्प्राण विगत युग ! मृत विहंग !
जग नीड़ शब्द औ' श्वास हीन,
च्युत, अस्तव्यस्त पंखों-से तुम
झर-झर अनन्त में हो विलीन !
कंकाल-जाल जग में फैले
फिर नवल रुधिर—पल्लव लाली !
प्राणों की मर्मर से मुखरित
जीवन की मांसल हरियाली !
मंजरित विश्व में यौवन के
जग कर जग का पिक, मतवाली
निज अमर प्रणय-स्वर मदिरा से
भर दे फिर नव युग की प्याली !

## गा, कोकिल, बरसा पावक कण !

गा, कोकिल, बरसा पावक कण !
नष्ट भ्रष्ट हो जीर्ण पुरातन,
ध्वंस भ्रंश जग के जड़ बन्धन !
पावक-पग धर आवे नूतन,
हो पल्लवित नवल मानवपन !
गा, कोकिल, भर स्वर में कम्पन !
झरें जाति-कुल-वर्ण-पर्ण घन,
अन्ध नीड़-से रूढ़ि रीति छन,
व्यक्ति-राष्ट्र-गत राग-द्वेष रण,
झरें, मरें विस्मृति में तत्क्षण !
गा, कोकिल, गा—कर मत चिन्तन !
नवल रुधिर से भर पल्लव-तन,
नवल स्नेह-सौरभ से यौवन,
कर मंजरित नव्य जग जीवन,
गूँज उठें पी-पी मधु सब जन !
गा, कोकिल, नव गान कर सृजन !
रच मानव के हित, नूतन मन,
वाणी, वेश, भाव नव शोभन,
स्नेह, सुहृदयता हो मानस-धन,
करें मनुज नव जीवन यापन !
गा, कोकिल, सन्देश सनातन !

मानव दिव्य स्फुलिंग चिरन्तन,
वह न देह का नश्वर रज कण !
देश काल हैं उसे न बन्धन,
मानव का परिचय मानवपन !
कोकिल, गा, मुकुलित हों दिशि-क्षण !

## होटल का बैरा

तीस जून अब : मुझे बिदा होना होटल से,
कल प्रयाग को मैं प्रातः प्रस्थान करूँगा !
सुहृद् प्रतीक्षा करते होंगे, और मुझे भी
उनकी याद सताती रहती !
होटल में अब
फैल चुकी सूचना सुबह मेरे जाने की !
बैरा आज अधिक तत्परता से सेवा में
व्यस्त दीखते : तरह-तरह यत्नों से मुझको
खुश करने में लगे हुए हैं ! दाँत निकाले,
मधुर चापलूसी कर मेरी—आपस में सज्जनता की
तारीफ़ कर रहे और बिदा बेला आने का
दुख भी दरसा रहे !...किन्तु यह नाटक भर है !
वे चाहते इनाम झटकना मुझसे गहरा,—
गड़ा जा रहा हूँ मन-ही-मन मैं लज्जा से !
मुझे ज्ञात है, मैं ही हूँ होटल का बैरा !
मैं भी उनकी तरह यही सब नाटक रचता
दाता को फुसलाने, ऐसी स्थिति में पड़कर !
क्योंकि साहबों की दुनिया यह ! वे क्या जानें
इससे भी कितने बदतर ढंग से अमीर बन
पैसा कमा रहे ! होटल में रहकर कुछ दिन
खूब शान-शौकत बघारकर—हुक्म चलाते
बैराओं पर—जो नत-मस्तक उसे बजाते !
सम्भव, वे हमसे मनुष्यता में अच्छे हों !—
क्या मनुजों के योग्य कभी बन पाएगी भू ?

## सृष्टि

मिट्टी का गहरा अन्धकार
डूबा है उसमें एक बीज,
वह खो न गया, मिट्टी न बना,
कोदों, सरसों से क्षुद्र चीज !
उस छोटे उर में छिपे हुए
हैं डाल पात औ' स्कन्ध मूल
गहरी हरीतिमा की संसृति,
बहु रूप रंग, फल और फूल !
वह है मुट्ठी में बन्द किए
वट के पादप का महाकार,
संसार एक ! आश्चर्य एक !
वह एक बूँद, सागर अपार !

बन्दी उसमें जीवन अंकुर
जो तोड़ निखिल जग के बन्धन,
पाने को है निज सत्व, मुक्ति !
जड़ निद्रा से जग, बन चेतन !

आः, भेद न सका सृजन रहस्य
कोई भी ! वह जो क्षुद्र पोत,
उसमें अनन्त का है निवास,
वह जग जीवन से ओतप्रोत !
मिट्टी का गहरा अन्धकार,
सोया है उसमें एक बीज,
उसका प्रकाश उसके भीतर,
वह अमर पुत्र ! वह तुच्छ चीज ?

## कहाँ आज वह पूर्ण पुरातन

कहाँ आज वह पूर्ण पुरातन, वह सुवर्ण का काल ?
भूतियों का दिगन्त छबि जाल,
ज्योति चुम्बित जगती का भाल ?
राशि-राशि विकसित वसुधा का वह यौवन विस्तार ?
स्वर्ग की सुषमा जब साभार
धरा पर करती थी अभिसार !
प्रसूनों के शाश्वत शृंगार,
(स्वर्ण भृंगों के गन्ध विहार)
गूँज उठते थे बारम्बार,
सृष्टि के प्रथमोद्‌गार !
नग्न सुन्दरता थी सुकुमार,
ऋद्धि औ' सिद्धि अपार !
अये, विश्व का स्वर्ण स्वप्न, संसृति का प्रथम प्रभात,
कहाँ वह सत्य, वेद विख्यात ?
दुरित, दुख-दैन्य न थे जब ज्ञात,
अपरिचित जरा मरण भ्रू पात !

## हाय ! सब मिथ्या बात !

हाय ! सब मिथ्या बात !—
आज तो सौरभ का मधुमास
शिशिर में भरता सूनी साँस !
वही मधुऋतु की गुंजित डाल
झुकी थी जो यौवन के भार,
अकिंचनता में निज तत्काल
सिहर उठती,—जीवन है भार !
आज पावस नद के उद्गार
काल के बनते चिह्न कराल
प्रात का सोने का संसार;
जला देती सन्ध्या की ज्वाल !
अखिल यौवन के रंग उभार
हड्डियों के हिलते कंकाल;
कचों के चिकने, काले व्याल
केंचुली, काँस, सिवार;
गूँजते हैं सबके दिन चार,
सभी फिर हाहाकार !

## मैं नहीं चाहता चिर सुख

मैं नहीं चाहता चिर सुख,
मैं नहीं चाहता चिर दुख,
सुख-दुख की खेल मिचौनी
खोले जीवन अपना मुख !

सुख-दुख के मधुर मिलन से
यह जीवन हो परिपूरन;
फिर घन में ओझल हो शशि,
फिर शशि से ओझल हो घन !

जग पीड़ित है अति दुख से
जग पीड़ित रे अति सुख से,
मानव जग में बँट जाएँ
दुख सुख से औ' सुख दुख से !

अविरत दुख है उत्पीड़न,
अविरत सुख भी उत्पीड़न,
दुख-सुख की निशा-दिवा में,
सोता-जगता जग-जीवन !

यह साँझ-उषा का आँगन,
आलिंगन विरह-मिलन का;
चिर हास-अश्रुमय आनन
रे इस मानव-जीवन का !

## कविधर्म

सच कहना ही जग में कवि का धर्म है,
उसे नहीं कोई माने या पहचाने,
बाहर का जन-घोष नहीं कवि की वाणी,
भीतर स्वर जगने पर वह लगता गाने !
वह यथार्थ के माप तोल की तुला नहीं,—
भाव बदलता रहता जिसका दिन प्रतिदिन,
मानव आत्मा की गरिमा का ज्ञान उसे
जिससे सार्थक होते जीवन के पल छिन !
शब्द नहीं हैं जहाँ, भाव भी मूक जहाँ,
वह अवाक् नीरवता को देता वाणी,—
सोई रहती जग के कोलाहल में जो
निराकार की प्रतिमा गढ़ता कल्याणी !
आन्दोलित जन सागर जब भरता गर्जन
ध्यान मौन सुनता युग परिवर्तन के स्वर,
सौम्य चन्द्र सा सूक्ष्म ज्योति बरसाता वह
जन धरणी को नव जीवन ज्वारों से भर !
निखिल विषमताएँ स्वर-लय में बँध जातीं
बनता युग-संगीत जगत् का संघर्षण,
कटु यथार्थ ढल नए विश्व आदर्शों में
मंगल घन बन बरसाता नव भाव-सुमन !
वह महानता में लघु, लघुता में महान्,
वह विशिष्टता से विशिष्ट भी साधारण,
रक्त, मांसपेशियाँ, अस्थियाँ गातीं सब
रचना-शुभ्र प्रति निखिल शक्ति उसकी अर्पण !

## आत्मधुरी

छोटी मिट्टी के लट्टू सी धरती
नाचा करती
दिशि के करतल में नित,
आत्म सूर्य की परिक्रमा करती !
देखा करता मैं उसका यौवन
श्यामल शस्य स्मित,
देखा करता भाव प्रवण मन
सागर सा आन्दोलित !
देखा करता रजत किरीट
हिमालय-से शिखरों को,
देखा करता
अन्धकार से भरे
अचेतन प्राण गह्वरों को !
मिट्टी के लट्टू सी धरती
अंक गणित के क्षुद्र बिन्दु सी
पर अपने में गहन सिन्धु सी,
उसका भी रे अपना जीवन
विधि जिसका करता संचालन !
वृष्टि अवर्षण
झंझा उल्का
भूमि कम्प आ
रक्त अस्थि नित करते मन्थन,–
अपने उर में

कोटि चराचर
अग जग उर्वर
करती धारण !
वह तटस्थ हो इन सबसे–
लट्टू सी नाचा करती नित
अपनी ही गति में–
बँध
भूमा की स्वर संगति में !
देख मुझे भव भय से
जर्जर कातर,
नृत्यपरा धरती दिग् हर्षित
शस्य हरित आँचल सँभालकर
कहती–
जग जीवन धरा अनादि से बहती !
तुमको यदि अपना जीवन दे
कुसुमित जग को करना
औरों का दुख हरना–
आत्मा धुरी में रहो सहज स्थित,
जग जीवन को भी
अपने में करो समन्वित,–
तभी जगत् को तुम यत्किंचित्
अपनी उर-निधि दे पाओगे !–
अपने जीवन में भी इससे
सार्थकता पाओगे !
आत्मच्युत हो
अग जग से निगले जाकर तुम
निश्चय मन में पछताओगे !

## खुल गए द्वार

खुल गए द्वार,
अवरुद्ध द्वार !
अब आता जाता जग भीतर,
मन मुक्त विचर सकता बाहर,—
देखता मनोनयनों से मैं
भूमा का वैभव आर-पार !
मुझ पर उड़ेल दो सब सागर,—
गिरियों को नचा अँगुलियों पर,
लिपटा तन से रेशमी अनिल,
मैं लपटों पर करता विहार !

रवि शशि दोनों
मुट्ठी में भर,
चल तड़ित् मेखला
धारण कर,
सुरधनु में
स्वप्नों के शर धर
धन शंख फूँकता
दिग् उदार !
मैं खा जीवन का अन्धकार !

हालाडोला रथ पर चढ़कर

झंझा पथ पर आगे बढ़कर
जीवन मन में कर
दृष्टि-क्रान्ति,
हरता जन-भू का व्यथा भार !

जग जीवन के विष घट पी नित,
रस अमृत जनों में कर वितरित,
युग मनोग्रन्थियाँ खोल निखिल
मैं मनुज हृदय लेता उबार !

लो, मधु सौरभ में करो स्नान
कोकिल संग गाओ भाव-गान,
सुमनों से ले
सित सौमनस्य
जग की कटु स्मृतियाँ दो बिसार !

यह कौन भुवन ?
जिसमें प्रवेश
कर गए प्राण मन निर्निमेष,
आनन्द, प्रेम, सौन्दर्य मग्न
मैं अग जग को देता गुहार !

अब खुला हृदय में ज्योति क्षितिज,
नव खिला पंक उर में सरसिज,
अन्तर्जग
बहिर्जगत् पर छाया
आया नव चेतना ज्वार !

## गीत ढल गया

गीत ढल गया,
स्वप्न फल गया !
इसमें भाव पिरोना होगा,
भाव–वही जो भोगा !–
इसमें छन्द सँजोना होगा !

यह जाने कब मन में उतरा
पूर्ण अनिन्द्य रूप धर सुथरा,–
फूलों की पंखड़ियों में
पड़ गया हो भँवर,
स्वर संगति में बँध
सरोज खिल उठा हो सुघर !

गीत बन गया,
शिल्प स्वर नया !
दूज कला क्या दी दिखलाई
ज्योत्स्ना सहज लजा मुसकाई ?
तारा ने जग
ली अँगड़ाई !
हृदय क्षितिज
अनजान खुल गया,
मन का मलिन

विषाद धुल गया !
इसको स्वर दो,
इसमें सागर
अम्बर की लय भर दो !

कब अन्तर् में ज्वार आ गया,
वधू-रूप संसार भा गया,
कब आँखों में प्यार छा गया !...

शब्द अर्थ के पुलिन लाँघकर
हृदय प्रेरणा-द्वार पा गया ?
लय की स्वर संगति में बँध मन
तन्मय करता आत्म समर्पण !–
रोम-रोम अन्तः सुख झंकृत–
जीवन में प्रतिक्षण अब गायन !
गीत मिल गया,
हृदय खिल गया !
फैल गए अग जग में नव स्वर
काँप रहे जड़ चेतन थर् थर्,
अन्तर्-पावक की झंकारें
वेष्टित करतीं अब भू-अम्बर !

कला पूर्ण अपने में–
लो, नव गीत आ गया
स्वयं सर्वत्र छा गया !

## वाणी !

तुम वहन कर सको जन-मन में मेरे विचार,
वाणी मेरी, चाहिए तुम्हें क्या अलंकार !
भव कर्म आज युग की स्थितियों से है पीड़ित,
जग का रूपान्तर भी जनैक्य पर अवलम्बित,
तुम रूप कर्म से मुक्त, शब्द के पंख मार,
कर सको सुदूर मनोनभ में जन के विहार,
वाणी मेरी, चाहिए तुम्हें क्या अलंकार !
चित् शून्य, आज जग, नव निनाद से हो गुंजित,
मन जड़, उसमें नव स्थितियों के गुण हों जागृत,
तुम जड़ चेतन की सीमाओं के आर पार
झंकृत भविष्य का सत्य कर सको स्वराकार,
वाणी मेरी, चाहिए तुम्हें क्या अलंकार !
युग कर्म शब्द, युग रूप शब्द, युग सत्य शब्द,
शब्दित कर भावी के सहस्र शत मूक शब्द,
ज्योतित कर जन मन के जीवन का अन्धकार,
तुम खोल सको मानव उर से निःशब्द द्वार,
वाणी मेरी, चाहिए तुम्हें क्या अलंकार !

## बूढ़ा चाँद

बूढ़ा चाँद
कला की गोरी बाँहों में
क्षण-भर सोया है !
यह अमृत कला है
शोभा असि,
वह बूढ़ा प्रहरी
प्रेम की ढाल !
हाथी दाँत की
स्वप्नों की मीनार
सुलभ नहीं,–
न सही !
ओ बाहरी
खोखली समते,
नाग दन्तों
विष दन्तों की खेती
मत उगा !
राख की ढेरी से ढँका
अंगार-सा
बूढ़ा चाँद
कला के बिछोह में
म्लान था,
नए अधरों का अमृत पीकर

अमर हो गया !

पतझर की ठूँठी टहनी में
कुहासों के नीड़ में
कला की कृश बाँहों में झूलता
पुराना चाँद ही
नूतन आशा
समग्र प्रकाश है !

वही कला,
राका शशि–
वही बूढ़ा चाँद,
छाया शशि है !

## कोंपलें

आज कोई काम नहीं,–
सोने के तार-सा खिंचा
प्यारा दिन है !
कल–
गुलाबों में
काट-छाँट की थी,
तब से
आँखों के सामने
नई-नई कोंपलें
फूट रही हैं !–
ललछौंहीं कोंपलें
स्वप्न भरी
रतनार चितवन-सी,
शुभ्र पीत चिनगियों-सी,–
लपटों के पग धर
नई पीढ़ी बढ़ रही है !
ज्यों ही आँखें मूँदता हूँ
कोंपलें, केवल कोंपलें,...
रेशमी मूँगी कोंपलें,
रुपहले सुनहले इंगितों-सी
बरस पड़ती हैं !

ओ सृजन उन्मेष,
मन ने बहुत काट-छाँट की,
पुराने ठूँठ उखाड़े,
रद्दी जड़ें खोदीं,
भद्दी डालियाँ
काटीं तरासीं,–
इधर-उधर
कला शिल्प के हाथों से
भाव बोध के स्पर्शों से
सहस्रों नए वसन्त सँवारे !
अभी असंख्य शरदों को
अपने अंग
पावक में नहलाकर
रूप ग्रहण करना है !

आज मुझे
नए स्वप्न
नए जागरण
नए चैतन्य की कोंपलें
दिखाई देती हैं !

सर्वत्र
कोंपलें ही कोंपलें
आँखों के सामने
भाव भरा मुख
स्वप्न भरी चितवन
खेल रही हैं !

## प्रबोध

यह गौर मांस सरोवर
जिसमें मैं कूद गया हूँ !
इसमें स्वर्ण हंस हैं,
शुभ्र अरुण कमल !

ओ शोभा पावक के कुंड,
तुम कितने शीतल हो !
तुम्हारा अमृत पीकर
मेरे तन-मन-प्राण तृप्त हो गए–
मधुर अमृत पीकर !

उन्मत्त भावना हिलोरें
मुझे घेरे हुए हैं,
मैं तन्मय,
उनके इच्छाकुल आलिंगन में
बँध गया हूँ,–
फूल मालाओं की लहरों के
आनन्द पाश में !

स्वप्नों की गहराइयाँ
मुझे अपनी ओर खींचती हैं !–

इन अतलताओं का सुख
मन को मूर्च्छित कर देता है !
ओ अनाम सौरभ
अश्रुत संगीत
अनुपम सौन्दर्य के देश
इस नीरव शान्ति के
अतल सिन्धु से
मैं सर्वांग पूर्ण होकर
निकलूँगा !
सम्पूर्ण होकर !

मुझे
नील कुहासे में खोई
धरती पर चलना है !–
हरे अँधेरे में लिपटी
धरती पर !

## छायापट

मन जलता है,
अन्धकार का क्षण जलता है,
मन जलता है !

मेरा मन तन बन जाता है,
तन का मन फिर कटकर,
छँटकर,
कन-कन ऊपर
उठ पाता है !
मेरा मन तन बन जाता है !

तन के मन के श्रवण नयन हैं,
जीवन से सम्बन्ध गहन हैं;
कुछ पहचाने, कुछ गोपन हैं,
जो सुख-दुख के संवेदन हैं !
कब यह उड़ जग में छा जाता,
जीवन की रज लिपटा लाता,
घिर मेरे चेतना गगन में
इन्द्रधनुष घन बन मुसकाता ?
नहीं जानता, कब, कैसे फिर
यह प्रकाश किरणें बरसाता !
बाहर - भीतर ऊपर - नीचे

मेरा मन जाता - आता है,
सर्व व्यक्ति बनता जाता है !

तन के मन में कहीं अन्तरित
आत्मा का मन है चिर ज्योतित,
इन छाया दृश्यों को जो
निज आभा से कर देता जीवित !

यह आदान-प्रदान मुझे
जाने कैसे क्या सिखलाता है !
क्या है ज्ञेय ? कौन ज्ञाता है ?
मन भीतर - बाहर जाता है !

मन जलता है,
मन में तन में रण चलता है;
चेतन अवचेतन नित नव
परिवर्तन में ढलता है !
मन जलता है !

## ताज

हाय ! मृत्यु का ऐसा अमर, अपार्थिव पूजन ?
जब विषण्ण, निर्जीव पड़ा हो जग का जीवन !
स्फटिक सौध में हो शृंगार मरण का शोभन,
नग्न, क्षुधातुर, वास विहीन रहें जीवित जन ?

मानव ! ऐसी भी विरक्ति क्या जीवन के प्रति ?
आत्मा का अपमान, प्रेत औ' छाया से रति !!
प्रेम अर्चना यही, करें हम मरण को वरण ?
स्थापित कर कंकाल, भरें जीवन का प्रांगण ?

शव को दें हम रूप, रंग, आदर मानव का ?
मानव को हम कुत्सित चित्र बना दें शव का ?
गत युग के मृत आदर्शों के ताज मनोहर
मानव के मोहान्ध हृदय में किए हुए घर !

भूल गए हम जीवन का सन्देश अनश्वर
मृतकों के हैं मृतक, जीवितों का है ईश्वर !

## अमूर्त को मूर्त समझकर

आज सबेरे
एक बरस की बच्ची सुमिता
अपने फूलदार गद्दे के ऊपर बैठी
कमरे की गुदगुदी फ़र्श पर–
बार-बार
निज चंचल मृदुल हथेली फैलाए
और बन्द कर,
पकड़ रही थी तन्मय
हँसमुख स्वच्छ धूप की
प्रिय टुकड़ी को,–
जो जाली की खिड़की से छन
उसके सम्मुख पड़ी हुई थी
चाँदी की गुड़िया-सी उजली,–
चिड़िया की नन्ही बच्ची-सी
अपने रोमिल पंख खोल
उड़ने में अक्षम !
उसकी उस निरीह चेष्टा को
देख अचानक
मैं विस्मय से डूब
हर्ष अभिभूत हो उठा !
यह अबोध चेष्टा थी
या अद्भुत साहस था ?

मन अनजाने लगा सोचने–
क्या हम सब भी
नहीं बाल - चेष्टा करते
अज्ञात रूप से–
जो अमूर्त को मूर्त समझकर
बार-बार
उसका विश्लेषण
संश्लेषण कर–
परम सत्य को
अल्प बुद्धि की मुट्ठी में भर
उसे ग्रहण करने का
सतत यत्न करते हैं ?

## मैं केवल मुक्त विहग हूँ

कभी मुझे लगता,
मैं केवल मुक्त विहग हूँ !
प्राणों की डाली पर बैठा
गायक खग हूँ !
पुष्पों की पंखड़ियाँ
मेरे पंख मनोहर,
चटुल तितलियों में
निःस्वर चित्रित मेरे स्वर !

मेरी रंग उड़ानें
सुरधनु में रंग भरतीं,
पंख खोल जब सतरंग सुषमा
नभ में तरती !
सायं-प्रातः मैं भू-नभ में
भरता गायन,
विश्व वन्दना के होते वे
मेरे प्रिय क्षण !
मुझको लगता, यदि खग होते
नहीं गीत-पर,
कृमि पशु तक ही
सीमित होते
सभी चराचर !

रेंगा करता भू पर
　　　　सरीसृपों का जीवन,
पंख खोल उड़ती न चेतना
　　　　नभ में भर स्वन !

गीत विहग के बिना
　　　　सृष्टि क्या होती सार्थक ?
सब कुछ होता,
　　　　पर क्या होता जीवन गायक ?

कौन मधुर श्री-शोभा को
　　　　तब देता वाणी ?
मर्म प्रीति की रचता
　　　　रसमय गूढ़ कहानी ?

## नव अरुणोदय

तुम कहते, उत्तर बेला यह,
मैं सन्ध्या का दीप जलाऊँ !
तुम कहते, दिन ढलने को अब,
मैं प्राणों का अर्घ्य चढ़ाऊँ !
मेरा पन्थ नहीं, मैं कातर
ज्योति क्षितिज निज खोलूँ बाहर,
रहा देखता भीतर, अब क्या
तथ्यों का कटु तम लिपटाऊँ !
मैंने कब जाना निशि का मुख ?
पृथक् न सुख से ही माना दुख !
अन्धकार की खाल ओढ़ अब
कज्जल में सन, प्राण तपाऊँ !
कभी न निज हित सोचा क्षण भर
क्यों अभाव, क्यों दैन्य, घृणा ज्वर,
अब क्या तारों के खंडहर में
नग्न व्यथा की गाथा गाऊँ !
देख दिवाकर को अस्तोंन्मुख
पंकज उर होता अन्तर्मुख,
युग सन्ध्या, तम सिन्धु, ह्रास तट,
स्वर्ग तरी किस तीर लगाऊँ।
मैं प्रभात का रहा दूत नित,
नव प्रकाश सन्देशवाह स्मित,

नव विकास पथ में मुड़ मैं अब
क्यों न भोर बन फिर मुसकाऊँ !
जग जीवन में रे अस्तोदय,
मैं मानस धर्मा, अक्षय वय,
आओ, तम के कूल पार कर
नव अरुणोदय तुम्हें दिखाऊँ !

## दन्तकथा

पुरानी ही दुनिया अच्छी
पुरानी ही दुनिया !

नदी में कमल बह रहे–
कहाँ से आ रहे ?

किनारे-किनारे
स्रोत की ओर
जाते...जाते...देखा,

नदी के बीच
रंगीन भँवर पड़ा है;–
उसी से फुहार की तरह
कमल बरस रहे हैं !

हाय रे, गोरी की नाभि-से भँवर !
पास जाते ही
भँवर ने लील लिया !–
वह परियों के महल का
द्वार था !

परियाँ खिलखिलाकर

हँसीं !–
भौंहों के संकेत से कहा,
राजकुमारी से ब्याह करो !
परियों की राजकुमारी
नत चितवन
मुसकुरा दी !
उसके जूड़े में
वैसा ही कमल था !

पुरानी ही दुनिया अच्छी,
पुरानी ही दुनिया !

वह सीधा था
हृदय में दया थी !
झाड़ फूँस की कुटी,–
भगवान परीक्षा लेने आए !
भस्म रमाए, झोली लटकाए,–
उन्होंने हाथ फैलाए
भीख माँगी !
मुट्ठी भर अन्न पाकर
चुपके,
वरदान दे दिए।...
झाड़ पात की कुटी
सोने का महल बन गई !
द्वारपाल चँवर डुला रहे हैं,–
बुढ़िया ब्राह्मणी

नवयुवती बन गई,
शची-सा शृंगार किए है !

पुरानी ही दुनिया अच्छी
पुरानी ही दुनिया

एक थी स्त्री, एक था पुरुष,
दोनों प्रेम डोर में बँधे,
सच्चे प्रेमी-प्रेमिका थे !
मंदिर के अजिर में पड़े रहते,
देवी का प्रसाद खाते !
दोनों एक साथ मरे !–
मरकर
हरे-भरे लम्बे
पेड़ बन गए !
अब
दोनों धूप-छाँह में
आँखमिचौनी खेलते,
दिन-भर पत्तों के ओंठ हिला
गुपचुप
बातें करते !

वसन्त में कोयल पूछती
कूहू, कुहू,
कौन है, कौन है ?
बरसात में

पपीहा उत्तर देता,
पिऊ पिऊ
प्रिय हूँ, प्रिय हूँ !

पुरानी ही दुनिया अच्छी,
सच,
पुरानी ही दुनिया !

## दिवास्वप्न

दिन की इस विस्तृत आभा में, खुली नाव पर
आर-पार के दृश्य लग रहे साधारणतर।
केवल नील फलक-सा नभ, सैकत रजतोज्ज्वल,
और तरल विल्लौर वेश्मतल-सा गंगा जल—
चपल पवन के पदाचार से अहरह स्पन्दित—
शान्त हास्य से अन्तर को करते आह्लादित।
मुक्त स्निग्ध उल्लास उमड़ जल हिलकोरों पर
नृत्य कर रहा, टकरा पुलकित तट छोरों पर।

यह सैकत तट पिघल-पिघल यदि बन जाता जल
बह सकती यदि धरा चूमती हुई दिगंचल,
यदि न डुबाता जल, रहकर चिर मृदुल तरलतर,
तो मैं नाव छोड़, गंगा के गलित स्फटिक पर
आज लोटता, ज्योति जड़ित लहरों संग जी भर !
किरणों से खेलता मिचौनी मैं लुक-छिपकर,
लहरों के अंचल में फेन पिरोता सुन्दर,
हँसता कल-कल : मत्त नाचता, झूल पैंग भर !

कैसा सुन्दर होता, वदन न होता गीला
लिपटा रहता सलिल रेशमी पट-सा ढीला !
यह जल गीला नहीं, गलित नभ केवल चंचल,
गीला लगता हमें, न भीगा हुआ स्वयं जल।

हाँ चित्रित-से लगते तृण-तरु भू पर बिम्बित,
मेरे चल पद चूम धरणि हो उठती कम्पित।
एक सूर्य होता नभ में, सौ भू पर विजड़ित,
सिहर-सिहर क्षिति मारुत को करती आलिंगित।
निशि में ताराओं से होती धरा जब खचित
स्वप्न देखता स्वर्ग लोक में मैं ज्योत्स्ना स्मित !

गुन के बल चल रही प्रतनु नौका चढ़ाव पर,
बदल रहे तट दृश्य चित्रपट पर ज्यों सुन्दर।
वह, जल से सटकर उड़ते हैं चटुल पनेवा,
इन पंखों की परियों को चाहिए न खेवा !
दमक रही उजियारी छाती, करछौंहे पर,
श्याम घनों से झलक रही बिजली क्षण-क्षण पर !
उधर कगारे पर अटका है पीपल तरुवर
लम्बी टेढ़ी जड़ें जटा-सी छितरीं बाहर।
लोट रहा सामने सूस पनडुब्बी-सा तिर,
पूँछ मार जल से चमकीली, करवट खा फिर।
सोन कोक के जोड़े बालू की चाँदों पर
चोंचों से सहला पर, क्रीड़ा करते सुखकर।
बैठ न पातीं, चक्कर देतीं देव दिलाई,
तिरती लहरों पर सुफेद काली परछाँईं।
लो मछरंगा उतर तीर-सा नीचे क्षण में
पकड़ तड़पती मछली को, उड़ गया गगन में।
नरकुल-सी चोंचें ले चाहा फिरते फर् फर्,
मँडराते सुरखाब व्योम में, आर्तनाद कर,—
काले, पीले, खैरे, बहुरंगे चित्रित पर,

चमक रहे बारी-बारी स्मित आभा से भर !
वह टीले के ऊपर, तूँबी-सा, बबूल पर,
सरपत का घोंसला बया का लटका सुन्दर !
दूर उधर, जंगल में भीटा एक मनोहर
दिखलाई देता है वन देवों का-सा घर।
जहाँ खेलते छायातप, मारुत तरु-मर्मर,
स्वप्न देखती विजन शान्ति में कौन दोपहर !
वन की परियाँ धूप-छाँह की साड़ी पहने
जहाँ विचरतीं चुनने ऋतु कुसुमों के गहने।
वहाँ मत्त करती मन नव मुकुलों की सौरभ,
गूँजित रहता सतत द्रुमों का हरित श्वसित नभ !
वहाँ गिलहरी दौड़ा करती तरु डालों पर
चंचल लहरी-सी, मृदु रोमिल पूँछ उठाकर।
और वन्य विहगों-कीटों के सौ-सौ प्रिय स्वर
गीत वाद्य से बहलाते शोकाकुल अन्तर।

वहीं कहीं जी करता, मैं जाकर छिप जाऊँ,
मानव जग के क्रन्दन से छुटकारा पाऊँ।
प्रकृति नीड़ में व्योम खगों के गाने गाऊँ,
अपने चिर स्नेहातुर उर की व्यथा भुलाऊँ !

●●●